Donatus Fuchs

Australien
Nationalparks

Bruckmann

Vorsatz:
Grasbäume säumen das Gipfelplateau des Mt. Exmouth, des höchsten Berges im Warrumbungle National Park, und schaffen ein exotisches Ambiente. Links der Bildmitte erkennt man den Bluff Mountain, dessen gewaltige Nordwand eine Herausforderung für erfahrene Kletterer darstellt.

Nachsatz:
Eine Landschaft wie aus einer anderen Welt empfängt Trekker entlang dem Overland Track im Cradle Mountain-Lake St. Clair National Park. Die bleichen Skelette der bei einem Waldbrand abgetöteten Pencil Pines bilden den bizarren Rahmen für den seltsam geformten Gipfel des East Pelion.

Seite 1:
1 Als vergängliche Bollwerke stemmen sich die Felstürme der »Zwölf Apostel« im Port Campbell National Park gegen die ständig anrennende Brandung der Tasmanischen See.

Seite 2/3:
2 Emus stolzieren durch die steppenhafte Landschaft vor den Bergen des Wilpena Pound, eines der vielen geologischen Schaustücke des Flinders Ranges National Parks.

Seite 4/5:
3 Das Bait Reef vor den Whitsunday Inseln gilt als eines der besten Tauchreviere entlang dem 2000 Kilometer langen Great Barrier Reef. Der Status eines Marine Parks garantiert mit strengen Auflagen den Schutz der mannigfaltigen Unterwasserwelt.

Inhalt

Gedruckt auf chlorarm gebleichtem Papier

Sonderausgabe 1999

Printed in Germany
ISBN 3-7654-3511-2

AUSTRALIEN

Indonesien
Kl. Sunda-Inseln
Port Moresby
Papua-Neuguinea
Salomonen
Neue Hebriden
Neu-kaledonien
AUSTRALIEN
Brisbane
Norfolk-Ils.
Lord Howe Is.
Perth
Canberra
Sydney
Melbourne
Tasmania
Hobart
Auckland
Neuseeland
Wellington
Christchurch
Timor Se
Indian Ocean
Admiralty Gulf
Kalumburu
Bonaparte Archipelago
Kimberley
Buccaneer Archipelago
Cockatoo Island
Yampi Sound
Cape Leveque
Gibb River
Beagle Bay
King Sound
King Leopold Range
Derby
Windjana Gorge
Tunnel Creek
Broome
Roebuck Bay
Fitzroy Crossing
Geikie Gorge
Cape Bossut
Lagrange
Wolf Creek Meteorite Crater
Eighty Mile Beach
Larrey Pt.
Port Hedland
Goldsworthy
Great Sandy Desert
Point Samson
Dampier
Barrow Island
Wickam
Karratha
Marble Bar
Millstream Chichester Nat. Park
Nullagine
Onslow
North West Cape
Exmouth
Exmouth Gulf
Hamersley Range
Mt. Bruce 1226 m
Wittenoom
Roy Hill
Rudall River Nat. Park
Cape Range Nat. Park
Ningaloo Marine Park
Tom Price
Karijini Nat. Park
WESTERN AUSTRALIA
Coral Bay
Paraburdoo
Newman
Südlicher Wendekreis
Tropic of Capricorn
23° 26' 30''
Gibson Desert
Lake Macleod
CANNING STOCK ROUTE
Dorre Island
Bernier Island
Carnavon
Dairy Creek
Cape Peron
GUNBARREL HIGHWAY
Monkey Mia
Shark Bay
Gladstone
Dirk Hartog Island
Denham
Hamelin Pool
Wiluna
Warburt
Meekatharra
WARBURTON
Leinster
Laverton
Kalbarri
Mt. Magnet
Sandstone
Agnew
Kalbarri Nat. Park
Northampton
Yalgoo
Leonora
Horrocks
Mullewa
Geraldton
Morawa
Dongara
Three Springs
Paynes Find
Menzies
Eneabba
Jurien
Moora
Wubin
Kalgoorlie
Nambung Nat. Park
Pinnacles Desert
New Norcia
Kambalda
Coolgardie
Widgiemooltha
Nullarb
Lancelin
Southern Cross
Higginsville
Cocklebiddy
Northam
Merredin
Kellerberrin
Perth
Fremantle
York
Wave Rock
Norseman
Frank Hann Nat. Park
Balladonia
Brookton
Hyden
Pinjarra
Yalgorup Nat. Park
Narrogin
Lake King
Harvey
Wagin
Bunbury
Geographe Bay
Donnybrook
Ravensthorpe
Pt. Dempster
Busselton
Stirling RA. Nat. Park
Jerramungup
Esperance
Cape Arid Nat. Park
Margaret River
Nannup
Manjimup
Hopetoun
Esperance Bay
C. Le Grande
Sandy Bight
Leeuwin-Naturaliste Nat. Park
Augusta
Mt. Barker
Fitzgerald River Nat. Park
Archipelago of the Recherche
Pemberton
Nornalup Nat. Park
Cheyne Bay
Walpole
Denmark
Albany
King George Sound
King Island
Melbourne
Bass Strait
Flinders Island
Cape Barren Island
Cape Grim
Smithton
Marrawah
Burnie
George Town
Cape Portland
Devonport
Cradle Mtn. Lake St. Clair Nat. Park
St. Helens
Launceston
St. Marys
Queenstown
Bicheno
Strahan
Freycinet Peninsula
Melton Mowbray
Swansea
Franklin Lower Gordon Wild River Nat. Park
New Norfolk
Triabunna
Hobart
Port Arthur
Tasman Peninsula
South West Nat. Park
Southport
South West Cape
TASMANIEN
N
0
150 km

N
0
150
300 km
Arafura Sea
Coral Sea
South Pacific Ocean
Gulf of Carpentaria
Torres Strait
Thursday Is.
Cape York
Prince of Wales Is.
Bamaga
Newcastle Bay
Jardine River Nat. Park
Temple Bay
Duyfken Pt.
Weipa
Cape Weymouth
Wenlock
Rokeby Nat. Park
Coen
Princess Charlotte Bay
Cape Melvile
Edward River
Kowanyama
Cape York Peninsula
Lakefield Nat. Park
Laura
Cooktown
Lakeland Down
Cape Tribulation Nat. Park
Mossman River Gorge Nat. Park
Mossman
Daintree NP
Port Douglas
Staaten River Nat. Park
Kuranda
Mareeba
Mungana
Cairns
Green Is.
Atherton Tableland
Ravenshoe
Innisfail
Mission Beach
Tully
Rockingham Bay
Hichinbrook Is.
Ingham
Halifax Bay
Magnetic Is.
Townsville
Ayr
Wallaman Falls
Greenvale
Mt. Surprise
Georgetown
Croydon
Normanton
Karumba
Burketown
Mornington Island
Bentinck Island
Great Barrier Reef Marine Park
Melville Is.
Coburg Peninsula
Bathurst Is.
Clarence Strait
Darwin
Howard Springs
Van Diemen Gulf
Litchfield Nat. Park
Batchelor
Adelaide River
Kakadu Nat. Park
Jabiru
Ubirr
Jim Jim Falls
Arnhem Land
Melville Bay
Gove Peninsula
Nhulunbuy (Gove)
Daly River
Pine Creek
Katherine Gorge
Katherine
Groote Eyland
Blue Mud Bay
Mataranka
Roper Bar
Limmen Bight
Sir Edward Pellew Group
Willeroo
Timber Creek
Gregory River Nat. Park
Newry
Victoria River Downs
Larrimah
Daly Waters
Borroloola
Top Springs
Newcastle Waters
Kalkarinji
Buchanan Highway
Elliot
Northern Territory
Barkly Tableland
Tanami Desert
Tennant Creek
Avon Downs
Camooweal
Camooweal Nat. Park
Devil's Marbles
Barrow Creek
Lake Nash
Mt. Isa
Cloncurry
Julia Creek
Richmond
Queensland
Hughenden
Kynuna
Djarra
Ti Tree
Sandover Highway
Plenty Highway
Middleton
Winton
Muttaburra
Boulia
Hamilton
McDonnell Ranges
Südlicher Wendekreis
Tropic of Capricorn
Ross River
Alice Springs
Wattarka Nat. Park
Kings Canyon
Henbury
Chambers Pillar
Simpson Desert
Bedourie
Longreach
Barcaldine
Great Dividing Range
Charters Towers
Mt. Elliot Nat. Park
Cape Bowling Green
Bowen
Whitsunday Islands
Proserpine
Eungella Nat. Park
Mackay
Sarina
Broad Sound
Clermont
Anakie
Emerald
Rockhampton
Great Keppel Island
Keppel Bay
Gladstone
23° 26' 30''
Dingo
Biloela
Blackall
Tambo
Carnarvon Nat. Park
Robinson Gorge Nat. Park
Monto
Mystery Craters
Bundaberg
Childers
Hervey Bay
Great Sandy Nat. Park
Fraser Island
Maryborough
Gympie
Sunshine Coast
Noosa
Caloundra
Glass House Mts. Nat. Park
Caboolture
Brisbane
Southport
Surfers Paradise
Lamington Nat. Park
Gold Coast
Byron Bay
Ballina
Lismore
Docker River
Ayers Rock
Mt. Ebenezer
Kata Tjuta (Olgas)
Uluru Nat. Park
Uluru (Ayers Rock)
Kulgera
Finke
Simpson Desert Nat. Park
Birdsville
Windorah
Gray Range
Augathella
Charleville
Mitchell
Roma
Miles
Taroom
Murgon
Nanango
Nambour
Bunya Mts. Nat. Park
Dalby
Toowoomba
Ipswich
Warwick
Goondiwindi
Moonie
St. George
Agnes Creek
Witjira NP
Musgrave Ranges
Everard Park
Oodnadatta Track
Marla
Oodnadatta
Clifton Hills
Quilpie
Innamincka
Thargomindah
Cunnamulla
Bollon
Dirranbandi
Hebel
Great Victoria Desert
Lake Eyre Nat. Park
Lake Eyre
Birdsville Track
Hungerford
Tibooburra
Barringun
South Australia
Opale
Coober Pedy
Marree
Sturt Nat. Park
Milparinka
Bourke
Brewarrina
Lightning Ridge
Moree
Glen Innes
Tenterfield
Eucla
Nullarbor Plain
Nullarbor
Yalata
Nullarbor Nat. Park
Head of Bight
Glendambo
Leigh Creek
Lake Torrens
Flinders Ranges Nat. Park
Wilpena Pound
St. Mary Peak 1165 m
Flinders Ranges
Lake Frome
Packsaddle
Opale
White Cliffs
Walgett
Narrabri
Armidale
Grafton
Coffs Habour
Nambucca Heads
Kempsey
Port Macquarie
Taree
Penong
Ceduna
Fowlers Bay
Lake Gairdner
Pimba
Bookaloo
Hawker
Cockburn
Broken Hill
Menindee
Wilcannia
Cobar
Nyngan
Coonamble
Gilgandra
Tamworth
Muswellbrook
Singleton
Streaky Bay
Port Kenney
Venus Bay
Elliston
Kyancutta
Kimba
Eyre Peninsula
Whyalla
Port Augusta
Port Pirie
Peterborough
Lofty Ranges
Kinchega Nat. Park
Mungo NP
Ivanhoe
New South Wales
Gilgunnia
Dubbo
Condobolin
Forbes
Orange
Bathurst
Cowra
Wollemi Nat. Park
Newcastle
Raymond Terrace
Nelson Bay
Wyong
Gosford
Kuring Gai Nat. Park
Sydney
Botany Bay
Royal Nat. Park
Wollongong
Blue Mountains Nat. Park
Kanangra Boyd Nat. Park
Great Australian Bight
Mt. Hope
Coffin Bay
Tumby Bay
Cowell
Port Wakefield
Barossa Valley
Wentworth
Mildura
Renmark
Robinvale
Hattah
Hilston
Marsden
Griffith
Hay
Maitland
Adelaide
Cape Carnot
Port Lincoln
Spencer Gulf
Sleaford Bay
Murray Bridge
Pinnaroo
Ouyen
Swan Hill
Narrandera
Wagga Wagga
Goulburn
Canberra
ACT
Nowra
Jervis Bay
Ulladulla
Cape Spencer
Victor Harbour
Tailem Bend
Hopetoun
Kerang
Deniliquin
Investigator Strait
Kingscote
Meningie
Bordertown
Flinders Chase Nat. Parc
Cape du Couedic
Kangaroo Island
Encounter Bay
Nhill
Horsham
Charlton
Echuca
Shepparton
Albury
Wodonga
Snowy Mountains
Alpine NP
Mt. Kosciusko 2228 m
Cooma
Batemans Bay
Narooma
Bega
Merimbula
Eden
Kingston SE
Grampians
Bendigo
Castlemaine
Benalla
Omeo
Bombala
Robe
Ararat
Ballarat
Melbourne
Victoria
Snowy River NP
Millicent
Mt. Gambier
Hamilton
Geelong
Port Phillip Bay
Morwell
Bairnsdale
Sale
Lakes Entrance
Orbost
Cape Howe
Mallacoota
Croajingolong Nat. Park
Portland
Warrnambool
Surfstrände
The Twelve Apostles
Apollo Bay
Cape Otway
Wonthaggi
Yarram
Wilsons Promontory Nat. Park
King Island
Bass Strait
Tasmanien
Flinders Island
Tasman Sea

Vorwort

Mit einem gesunden Schuß Selbstbewußtsein nennen die Australier ihr Land gerne das »lucky country«. Was Nationalparks betrifft, ist Australien nun wahrlich ein glückliches Land: Weit über 500 Schutzgebiete tragen stolz den Titel Nationalpark – und jährlich werden es mehr. Diese erstaunliche Zahl muß allerdings relativiert werden. So liegen zahlreiche Nationalparks derart abgelegen, daß kein öffentlicher Zugang existiert. Manche Parks sind nur mit großem Aufwand und Allradfahrzeugen erreichbar, eine touristische Infrastruktur fehlt oft völlig. Einige Schutzgebiete sind zudem für die Allgemeinheit gänzlich gesperrt und dienen als Rückzugsgebiete für seltene Tierarten. Der *Epping Forest National Park* in Queensland zum Beispiel bildet einen idealen Lebensraum für das *Hairy-nosed Wombat,* eine seltene Unterart des endemischen Beuteltieres, und darf nur von Wissenschaftlern betreten werden. Dies gilt auch für den *Mallee Cliffs National Park* in New South Wales. Die strikten Schutzbestimmungen dort gelten dem *Mallefowl*, einer vom Aussterben bedrohten Vogelart.

4 Eine Laune der Natur avancierte zu einer der interessantesten geologischen Sehenswürdigkeiten im Flinders Chase National Park auf Kangaroo Island: die »Remarkable Rocks«, bizarr verwitterte, flechtenüberwachsene Felskugeln, die den Rücken eines gewaltigen Granitdorns schmücken.

Auch in der Größe der Nationalparks gibt es gewaltige Unterschiede. Zwischen einer Fläche von nur einem einzigen Hektar bis hin zu über einer Million Hektar sind alle Größenabstufungen zu finden.

Eine der Hauptfunktionen der Nationalparks ist der Schutz herausragender Landschaften sowie der Erhalt der einzigartigen, teilweise in ihrem Bestand gefährdeten Flora und Fauna Australiens. Gerade in dieser Hinsicht ist Australien ein wirklich glückliches Land. Dank der langen Isolation des Kontinents – Australien trennte sich vor etwa fünfzig Millionen Jahren von der Antarktis und driftet seither als gigantische Insel langsam nach Norden – entstand eine Tier- und Pflanzenwelt, die auf dieser Welt nichts Vergleichbares hat. So sind etwa achtzig Prozent aller australischen Pflanzenarten endemisch, kommen also nur auf dem »Fünften Kontinent« vor. Ähnliches gilt für die Fauna: zum einen überlebten dank der Isolation Relikttierarten aus der Zeit des urweltlichen Superkontinents Gondwanaland, zum anderen entstanden im Laufe der Jahrmillionen neue, endemische Tierarten.

Dabei ist so manch unwegsamer australischer Park noch gar nicht vollständig wissenschaftlich erfaßt. Immer wieder sorgen sensationelle Entdekkungen für Aufsehen. So fand ein Nationalpark-Mitarbeiter im Januar 1995 in dem unwegsamen *Wollemi National Park* nur 200 Kilometer westlich von Sydney eine Baumart, von der man annahm, daß sie seit 65 Millionen Jahren ausgestorben sei. Und erst kürzlich entdeckten Wissenschaftler im *Kakadu National Park* eine bis dato unbekannte Tierart. Nationalparks fungieren also als »biologische Banken«, ohne die zahlreiche Tier- und Pflanzenarten nicht überleben und unwiderruflich vom Antlitz dieser Erde verschwinden würden.

Gleichzeitig werden Nationalparks auch für die Erholung der Menschen konzipiert und bilden vor allem im Einzugsbereich der großen Städte Rückzugsoasen und Freizeitrefugien. Da die Parks durch Steuergelder finanziert werden, erwarten die Menschen verständlicherweise Vorteile aus diesen Einrichtungen. Eine zunehmend schwieriger werdende Gratwanderung zwischen dem Schutzanspruch und einem berechtigten Freizeitgedanken ist die Folge.

Das Konsumieren der Natur vom Auto aus – wie es in Amerika in den meisten Parks gang und gäbe ist – ermöglichen nur die wenigsten australischen Nationalparks. Um die einzigartige Natur zu erleben, muß man oft auf die Bequemlichkeit verzichten und sich zu Fuß aufmachen. Für seine Mühen wird man allerdings mit bizarren und einzigartigen Landschaften, einer exotischen Tier- und Pflanzenwelt und viel Freiheit belohnt: das »lucky country« Australien findet man vor allem in den Nationalparks.

New South Wales

Den Südosten des »Fünften Kontinents« nimmt der mit 801 428 Quadratkilometern fünftgrößte der australischen Bundesstaaten ein. Als hier 1770 James Cook anlandete, begann die Geschichte der Europäer auf dem Erdteil, der schon im Jahrhundert zuvor entdeckt worden war.
Aus der einstigen – hier 1788 erstmals eingerichteten – britischen Strafkolonie ist längst ein Land mit bedeutender Schaf- und Rinderzucht geworden, das darüber hinaus mit Bodenschätzen gesegnet ist und auch seine Naturwunder, die durch mehr als 70 Nationalparks geschützt sind, nicht zu verbergen braucht.
Diese konzentrieren sich vor allem in der Küstenregion, wo auch die Hauptstadt Sydney liegt. Dieser Gebietsstreifen am Pazifischen Ozean ist durch den Gebirgszug der Great Dividing Range, der mit dem 2228 Meter hohen Mt. Kosciusko den höchsten Berg Australiens beinhaltet, vom weiten Hinterland des Outbacks abgetrennt.

7 | 8

Vorhergehende Abbildungen:

5 Lord Howe Island hat alle Zutaten einer exotischen Trauminsel: Die Korallenbänke des Johnsons Reef bilden den Vordergrund für die beiden höchsten, von Regenwald überzogenen Berge der Insel, den Mt. Lidgebird (links) und den Mt. Gower (rechts).

6 Beim Aufstieg zum Gipfel des Mt. Gower gibt ein Fenster im tropischen Pflanzengewirr einen flüchtigen Blick auf den unnahbaren Gipfel des Mt. Lidgebird frei.

7/8 Das auffallende »Lachen« des Kookaburra gehört zu den auffälligsten Vogelrufen in den Nationalparks der Ostküste. Das krähengroße Tier gehört zur Familie der Eisvögel und gilt als gewandter Schlangenjäger (7). Eine Woodhen plustert ihr Gefieder auf (8).

9/10 Nur auf Lord Howe Island, und dort beschränkt auf die Gipfelregionen der höchsten Berge, kommt die kleinwüchsige, gerade zwei Meter hohe Moorei-Palme (Lepidorrhachis mooreana) vor. Ebenfalls endemisch ist die Mountain Rose (Metrosideros nervulosa), deren Blüten ganze Berghänge mit dunklem Rot überziehen.

9 | 10

◁ 11

12 | 13 | 14

Küste, Outback und Gebirge

»The Premier State« nennt sich New South Wales stolz und gibt dies zum Beispiel auf den Nummernschildern der Autos kund. Dieses Selbstbewußtsein schöpft der Bundesstaat aus der historischen Tatsache, daß an seinen Gestaden durch die Landung von James Cook vor über zweihundert Jahren die Geschichte der Europäer in Australien begann.

Flächenmäßig kommt New South Wales innerhalb der australischen Bundesstaaten und Territorien zwar erst an fünfter Stelle; betrachtet man die Wirtschaft und die Einwohnerzahl, steht das Land allerdings ganz vorne. Der bevölkerungsreichste Bundesstaat Australiens – etwa ein Drittel aller Einwohner leben hier – gründet seine Anziehungskraft in erster Linie auf das günstige Klima der Küstenregionen. Nach wie vor geben deshalb die meisten Einwanderer diesen Bundesstaat und vor allem seine faszinierende Metropole Sydney als Ziel ihrer Wünsche an. Zudem ist New South Wales der am höchsten industrialisierte Teilstaat Australiens. Drei Standbeine sichern die Ökonomie des Landes: Bergbau, Landwirtschaft und die verarbeitende Industrie.

Geografisch läßt sich New South Wales in einen fruchtbaren *Küstenstreifen*, die *Gebirgsketten* der *Great Dividing Range*, die landwirtschaftlich intensiv genutzten *Ebenen im Westen* des Gebirges und die Weiten des *Outbacks* unterteilen. Mit dem Abstand zur Küste nimmt die Bevölkerungsdichte rasch ab.

Mit Naturwundern und -schönheiten ist der Bundesstaat dank der abwechslungsreichen Geografie reich gesegnet. Von *subtropischen Regenwäldern* über wilde und einsame *Küstenregionen* bis hin zu den im Winter schneebedeckten Bergen der *Snowy Mountains* reicht die Palette. Im Landesinneren locken die Weiten des trockenen und menschenleeren *Outbacks*. Weit über siebzig Nationalparks – die meisten entlang der Küste und der Great Dividing Range – bewahren die Besonderheiten des Landes.

Vorhergehende Abbildungen:

11 An den Watsons Crags finden die Snowy Mountains im Kosciusko National Park ihre wohl alpinste Ausprägung. Über 1300 Meter ziehen sich die Steilflanken bis zum dichtbewaldeten Tal des Geehi Rivers hinunter.

12 Schnee-Eukalypten widerstehen den klimatischen Extremen des Gebirgsparks, der als Kältepol Australiens gilt, ausgezeichnet. Jahr für Jahr versinken hier im Kosciusko National Park die Hochlagen unter einer dicken Schneedecke.

13 Reminiszenz aus vergangenen Zeiten: Die Coolamine Homestead im Nordteil des Kosciusko National Parks ist längst aufgegeben und wird nun von der Nationalpark-Verwaltung als historisches Monument gepflegt.

14 Brushtail Possums gehören zu den regelmäßigen nächtlichen Besuchern auf Zeltplätzen im Kosciusko National Park. Man tut deshalb gut daran, seinen Proviant sicher zu verstauen, denn den feinen Nasen der possierlichen Beuteltiere entgeht nichts.

15 Ein Juwel unter den von Gletschern geschaffenen Seen im Kosciusko National Park ist der Blue Lake. In dem tiefen, in einem großartigen Felsrund gelegenen See lebt eine winzige Garnelenart, die nur hier vorkommt.

Information

Anreise: Internationales Einfallstor für New South Wales ist Sydney. Die faszinierende Stadt am Pazifik wird von zahlreichen Fluglinien angeflogen, dementsprechend vielseitig sind die Flugverbindungen von Deutschland aus.

Unterkunft: Sydney zählt zu den Top-Sehenswürdigkeiten des »Fünften Kontinents«, und kaum eine Australienreise führt an dem wirtschaftlichen und kulturellen Mittelpunkt des Landes vorbei. In Sydney ist man sich dieser Spitzenstellung bewußt und bietet seinem internationalen Publikum ein breitgefächertes Angebot an Unterkünften. Die meisten Top-Hotels liegen in der City und in »The Rocks«, darunter das Old Sydney Park Royal (Tel. 02/2520524), das Park Hyatt Sydney (Tel. 02/2411234) oder The Regent (Tel. 02/2380000). Hohen Standard bieten auch das Novotel (Tel. 02/9340000) und das Golden Gate Park Plaza International (Tel. 02/2816888) in Darling Harbour. Etliche Hotels – darunter auch preisgünstige Häuser – haben sich in Kings Cross etabliert. Empfehlenswert ist zudem das Manly Pacific Parkroyal im feinen Vorort Manly (Tel. 02/9777666).

Internationales Einfallstor für ganz Australien ist die Millionenmetropole *Sydney*. Von hier aus starten die meisten Besucher ihre Australienreise. Der nächste Nationalpark ist dann auch nicht mehr weit. Allein im Ballungsraum von Sydney bieten mehrere davon den gestreßten Städtern die Möglichkeit, der Hektik des Alltags zu entfliehen. Erwähnt seien da nur der *Royal National Park, Ku-ring-gai Chase National Park, Sydney Harbour National Park* oder der *Brisbane Water National Park*. Und die *Blue Mountains* liegen als eines der wichtigsten Naturreservate Australiens nur eineinhalb Fahrstunden von der City entfernt. Kaum eine andere Großstadt der Erde kann sich deshalb mit so vielen Parks schmücken wie Sydney.

Auch zu den meisten anderen bedeutenden Nationalparks von New South Wales ist es von Sydney aus nicht allzu weit. In ein paar Stunden erreicht man beispielsweise den *Kosciusko National Park*, der im Winter zum Skifahren oder Langlaufen lockt und im Sommer ein traumhaftes Wanderrevier darstellt. Auch die zahlreichen Parks entlang der Küste liegen für australische Verhältnisse sozusagen im Nahbereich.

Lord Howe Island

Inselwunder im Südpazifik

Hier werden Südseeträume wahr: sich im Wind wiegende Palmen, ein langgeschwungener Sandstrand, die türkisschimmernde Lagune, der weiße Brandungssaum des Korallenriffs, die hohen, mit Regenwald überzogenen Berge, unnahbar steil und meist mit einer Wolkenhaube geschmückt – Die Rede ist nicht von Tahiti, Moorea oder Bora Bora, sondern von Lord Howe Island, vielleicht Australiens schönster Insel. Sie versprüht den Charme Polynesiens und hat alle Zutaten zu einer Trauminsel für Naturliebhaber. Neben der herausragenden landschaftlichen Schönheit war es eben die außergewöhnliche Fauna und Flora, die dieser abgelegenen Insel vor der Küste von New South Wales 1982 den Status *»Erbe der Menschheit«* eingebracht hat. 75 Prozent von Lord Howe Island und alle umliegenden Inseln sind seit damals – obwohl nicht als Nationalpark ausgewiesen – dauerhaft unter den Schutz der UNESCO gestellt.

Entdeckt wurde Lord Howe Island, ein winziger, abgelegener Splitter, der 770 Kilometer nordöstlich von Sydney aus den Fluten des Südpazifiks ragt, von dem Engländer *Henry Lidgebird*, der 1788 an der Insel vorbeisegelte. Die ersten Siedler erreichten sie allerdings erst 1834. Die Abgelegenheit und die Unberührtheit der Insel sind wohl die Gründe, daß Lord Howe Island sich ihre natürliche Schönheit bis heute bewahren konnte. Die Insel ist halbmondförmig geschwungen, gerade einmal elf Kilometer lang und knapp drei Kilometer an der breitesten Stelle breit. Überraschend urtümlich ist die Topografie. Dominiert wird Lord Howe Island von den beiden steil aus dem Meer ragenden Bergen *Mt. Lidgebird* (777 m) und *Mt. Gower*, der mit 875 Metern den höchsten Punkt der Insel bildet. Die beiden Berge nehmen den gesamten, unwegsamen *Süden* der Insel ein. Der schmale, wie eine Taille eingeschnürte *Mittelteil* ist gemäßigter und den Menschen vorbehalten. Hier liegt der Flughafen, hier lebt die gerade 300 Köpfe zählenden Inselbevölkerung, hier finden sich alle touristischen Einrichtungen. Der *Nordteil* der Insel dagegen wird von einem querliegenden, hammerförmigen *Gebirgsriegel* gebildet, der in dem 208 Meter hohen *Malabar Hill* kumuliert. Hier hat wieder die Natur das Sagen. Während die rauhe und felsige *Ostküste* der Insel der mächtigen Brandung des Südpazifiks direkt ausgesetzt ist, schützt ein sechs Kilometer langes *Korallenriff* – es gilt als das südlichste der Erde – das Innere des Inselbogens und bildet die flache *Lagune*, deren türkisschimmerndes Wasser ein Traumrevier für Schnorchler und Taucher darstellt.

Geologie

Lord Howe Island ist der stark verwitterte Rest eines großen *Schildvulkans*, dessen Alter man auf sieben Millionen Jahre schätzt und der einen Durchmesser von etwa dreißig Kilometern gehabt haben muß. Die zerstörerische

16 Höhepunkt eines jeden Aufenthalts auf Lord Howe Island ist die Besteigung des 875 Meter hohen Mt. Gower. Die anstrengende Tour darf nur mit einem Führer unternommen werden. Lohn der Mühen sind eine einzigartige Pflanzen- und Vogelwelt und der Blick zur 23 Kilometer entfernten Balls Pyramid, einer 551 Meter hohen Felspyramide (im Hintergrund).

17 Einer der wirtschaftlichen Grundstützen Lord Howe Islands ist der Export von Samen der Kentia-Palme (Howea forsteriana) in alle Welt. Die meisten Zimmerpalmen in Europa haben ihren Ursprung auf dieser Insel.

Folgende Abbildung:

18 Der Blick hinab vom Mt. Gower präsentiert die landschaftliche Schönheit Lord Howe Islands in ihrer gesamten Vielfalt.

Information

Auskünfte: Lord Howe Island Tourist Centre, 39 York Street, Sydney, NSW 2000, Tel. 02/2626555.
Reisezeit: Die Insel erfreut sich eines subtropischen Meeresklimas, geprägt von milden Sommern mit regelmäßigen Niederschlägen. Die Temperaturen im Winter kühl bis mild. Das ausgeglichene Klima macht die Insel zu einem Ganzjahresziel, wobei die Monate November bis Mai als die schönsten gelten.
Unterkünfte: Genächtigt wird auf der Insel meist in sogenannten »self contained units«, das sind vollständig eingerichtete, geräumige Ferienwohnungen. Informationen über das Angebot bekommt man bei Fastbook Pacific Holidays, 163 Eastern Valley Way, Middle Cove, NSW 2068, Tel. 02/9582799.
Camping: Es gibt keinen Campingplatz auf der Insel.
Aktivitäten: Wandern, Tauchen, Schnorcheln, Fischen, Tierbeobachtungen.
Touren: Geführte Wanderungen werden von Lord Howe Island Nature Tours, P. O. Box 6367, Coffs Harbour Plaza, NSW 2450, angeboten.

19 | 20

Kraft der Erosion hat im Laufe der Jahrmillionen die Fläche der Insel auf ein Vierzigstel und die Höhe auf die Hälfte der ursprünglichen Landmasse reduziert. Lord Howe Island liegt in einer Linie mit einer ganzen Reihe von untermeerischen Vulkanen, und man geht heute davon aus, daß ein *»hot spot«*, eine stationäre und hochliegende Magmakammer, die Inseln und Vulkane geschaffen hat. Balls Pyramid, eine spektakuläre, 551 Meter hohe Felsenpyramide 23 Kilometer südostlich von Lord Howe Island, ist der letzte Rest einer bereits fast vollständig verwitterten Nachbarinsel.

Die gerade noch 200 Meter aufragenden Hügel am Nordende von Lord Howe Island stammen aus einer früheren vulkanischen Periode als die zwei das Antlitz der Insel prägenden Berge Mt. Lidgebird und Mt. Gower. Letztere entstanden, so vermuten die Geologen, als der Gipfel des großen Vulkans in sich zusammensackte und eine große Caldera bildete. Diese füllte sich wieder mit Lava auf, und die beiden steil aufragenden Berge stellen heute den verwitterten Rest dieser Caldera-Füllung dar. So erklären sich auch die horizontalen Basaltschichten der imposanten Gipfel. Im flacheren Mittelteil der Insel bilden durch Kalziumkarbid verfestigte alte Sanddünen eine geologische Besonderheit auf der vulkanischen Insel. In den versteinerten Sandmassen fand man die Eier und Skelette der längst ausgestorbenen *Gehörnten Schildkröte* (horned turtle).

Die Natur der Insel

Die Lage und Isolation der Insel führte zur Entwicklung einer ganz speziellen Pflanzenwelt. Auf Lord Howe Island vermischt sich die Flora Australiens mit derjenigen Neuseelands, Neukaledoniens und Norfolk Islands. Diese ungewöhnliche Kombination sowie der hohe Anteil an endemischen Pflanzenarten – ein Drittel der 180 Blütenpflanzen und 54 Farnarten kommt nur hier vor – waren die ausschlaggebenden Argumente dafür, die Insel zum »Erbe der Menschheit« zu erklären.

Eine besondere Bedeutung kommt der Vogelwelt der Insel zu. Über 130 Arten hat man bisher gezählt, 28 brüten regelmäßig auf der Insel. Riesige Brutkolonien bilden dabei die *Seeschwalben*, zwei Arten von *Sturmtauchern* und der sogenannte *Red-tailed Tropic Bird*, dessen Hauptmerkmal zwei lange, rotgefärbte Schwanzfedern sind.

Der wohl berühmteste Vogel der Insel aber ist die *Woodhen*, ein flugunfähiger, etwa hühnergroßer Waldbewohner, der nur auf Lord Howe Island vorkommt. Die Zahl der einst recht häufigen Vögel sank in den siebziger Jahren auf etwa dreißig Exemplare ab, die im unzugänglichen Regenwald auf dem Gipfel des Mt. Gower überlebten. Die Art schien verloren. Ein großangelegtes Brutprogramm, das 1980 zur Rettung der Vogelart gestartet wurde, verlief aber so erfolgreich, daß sich der Bestand auf etwas mehr als 200 Vögel erhöhte und das Aussterben der Spezies verhindert werden konnte.

Auf der Insel unterwegs

Lord Howe Island ist eine Insel der Wanderer – und Radfahrer. Die zahlreichen Attraktionen der Insel – wie beispielsweise Neds Beach mit den zahmen Fischen – und die Ausgangspunkte zu den Wanderungen können umweltfreundlich mit dem Zweirad erreicht werden. Aber erst zu Fuß auf dem ausgedehnten Wegenetz unterwegs bekommt man einen umfassenden Einblick in die ungewöhnliche Natur von Lord Howe Island. Auf den Wanderungen sind die ungewöhnliche Vegetation und vor allem die Vogelwelt das Ziel – mit atemberaubenden Ausblicken als Dreingabe.

Höhepunkt aller Wanderungen ist die Besteigung des Mt. Gower, dessen massiger, mit Regenwäldern überzogener Gipfel die *Südspitze* der Insel bildet. Da das Gelände sehr zerklüftet, der Weg nicht markiert und die Witterung am Berg recht unbeständig ist, darf diese Tour nur in Begleitung eines autorisierten Führers angegangen werden. Höhepunkte dieser außergewöhnlichen und anstrengenden Tageswanderung sind die phantastischen Blicke über die Insel, die Lagune und das Riff, die einzigartige Vegetation des Gipfelregenwaldes und die Möglichkeit, die seltenen Woodhen aus nächster Nähe zu sehen. Ähnlich eindrucksvoll, aber nicht so anspruchsvoll, ist der Aufstieg zum Goat House, einer großen Grotte an der steilen Nordflanke des Mt. Lidgebird. Auf den von Steilabbrüchen umrahmten Gipfel selbst führt kein Weg. Atemberaubende Ausblicke bietet auch die Überschreitung des Malabar Hill zu Kims Lookout im *Norden* der Insel. Der Pfad verläuft entlang einem bis zu 200 Meter tief abstürzenden Steilabbruch und bietet herrliche Ausblicke zur Gruppe der Admiralty Islands. In den Steilwänden nisten zahllose Seevögel, darunter der *Red-tailed Tropic Bird*. Die Brutkolonien dieses wunderschönen Vogels auf Lord Howe Island gelten als die größten der Welt.

Ein besonders für Vogelliebhaber lohnender Ausflug führt vom nördlichen Ende der Lagoon Road parallel zum Old Settlement Beach über den Max Nichols Memorial Track zur malerischen Bucht des North Beach. Von dort läßt sich der Gipfel des Mt. Eliza (147 m) in einer halben Stunde besteigen. Das Gipfelplateau ist ein bevorzugter Nistplatz der *Rußseeschwalbe*.

Warrumbungle National Park

Aus Feuer geboren

Vulkankegel, über denen kilometerhohe Aschesäulen stehen, rotglühende Lavaströme, zerstörerische Eruptionen, Termalgebiete à la Yellowstone –

19 Massentourismus ist auf Lord Howe Island ein unbekanntes Wort. Die Anzahl der Gäste ist begrenzt, überfüllte Restaurants sind deshalb selten.

20 Vor einem dichten Hain aus Kentia-Palmen auf Lord Howe Island stehen Murray-Lilien (Crinum penduculatum) in voller Blüte und schaffen einen tropischen Paradiesgarten.

das alles wird man in Australien vergeblich suchen. Aktiven Vulkanismus kann der Inselkontinent seinen Besuchern nicht bieten. Nicht immer aber waren die Zeiten »down under« so ruhig. In zahllosen Regionen Australiens findet man Zeugnisse einer feurigen Vergangenheit, als Vulkane das Antlitz des australischen Kontinents mitgestalteten, und immer wieder stößt man auf Spuren gewaltiger, landschaftsverändernder Naturkatastrophen. Eines dieser ehemals von aktiven Feuerbergen geprägten Gebiete liegt im Nordwesten des Bundesstaates New South Wales, etwa 500 Kilometer von Sydney entfernt. Aus der bewaldeten Bergkette der *Warrumbungle Range* ragen seltsame, fremd wirkende Felsgestalten, bizarre Gesteinstürme, -mauern und -dome auf. Diese ungewöhnlichen Formationen sind der augenscheinliche Beweis, daß die Gegend einmal Schauplatz heftiger vulkanischer Aktivitäten war. Die »Krummen Berge«, so die Übersetzung des Namens Warrumbungle, bilden heute den Kern des beliebten *Warrumbungle National Parks*.

Geologie

Der Gebirgszug gehört zu einer ganzen Reihe von vulkanischen Gebieten in New South Wales, die entlang von Verwerfungslinien – im Zuge der Auffaltung der *Great Dividing Range* – entstanden. Vor 17 Millionen Jahren begann sich hier Lava über den uralten Sandstein aus dem Mesozoikum und dem Perm zu ergießen. Es handelte sich dabei um zähe, siliziumreiche Lava, die schnell erhärtete und gelegentlich die Schlote der Feuerberge verstopfte. Dann staute sich der Druck im Inneren und entlud sich in katastrophalen, explosionsartigen Eruptionen. Bei diesen gewalttätigen Ausbrüchen wurden große Mengen von Gesteinstrümmern, Asche und Bimsstein über das umliegende Land verteilt. Unterschiedliche Gesteinsschichten mit einer Mächtigkeit von mehreren hundert Metern lagerten sich ab. In der Endphase dieser feurigen Zeit schließlich, als der Druck im Erdinneren nachließ, verstopfte Trachyt, eine besonders schnell abkühlende Lava, die Schlote. Vor etwa dreizehn Millionen Jahren verebbte der Vulkanismus in der Gegend des heutigen Warrumbungle National Parks.

Seitdem gestaltet die Erosion das Antlitz des Gebirgszuges. Im Lauf der Jahrmillionen verwitterte das weichere Gestein, übrig blieben die harten Lavapfropfen, Trachytdome und -adern. Sie prägen heute das unverwechselbare Gesicht des Parks. Die bekanntesten Berggestalten des Parks sind unter anderem das *Breadknife*, eine bis zu 90 Meter hohe Trachytmauer, die grandiose Felsnadel des *Belougery Spire* oder der massive Felsdom des *Bluff Mountain*.

Flora und Fauna

Eine besondere Bedeutung kommt dem Park, der an der Schnittstelle zwischen der feuchteren Küstenregion im *Osten* und dem trockenen *Westen* liegt, als Pflanzenschutzgebiet zu. Gerne als Treffpunkt des Ostens mit dem Westen bezeichnet, findet man in der Warrumbungle Range Pflanzenarten aus den beiden klimatisch so unterschiedlichen Regionen. So treffen Bäume, die normalerweise auf dem regenreicheren New-England-Hochland beheimatet sind, an den geschützten Südhängen des Gebirges auf brauchbare Lebensbedingungen. Auf der trockenen, mehr der Sonne ausgesetzten Nordseite des Gebirgszuges gedeihen dagegen wasserspeichernde Pflanzen, die ansonsten typisch für die westlichen Trockengebiete sind.

Die überraschende Vegetationsvielfalt spiegelt die abwechslungsreiche Topografie und die verschiedenen Böden des Gebietes wider. Weit über 600 Blütenpflanzen sind bisher entdeckt und registriert worden. Da der gebirgige Park von landwirtschaftlich genutztem Land umgeben ist, macht ihn sein Inselcharakter zu einem bedeutenden Rückzugsgebiet für zahlreiche Pflanzen.

Die vielseitigen Landschaftsformen, Mikroklimata und die damit verbundenen Pflanzengemeinschaften bilden die unterschiedlichsten Lebensräume für Tiere. Die auffälligsten Vertreter des Tierreichs sind das *Eastern Grey Kangaroo* und das plumpe *Wallaroo*. Zusammen mit zahlreichen Emus bevölkern sie die Wiesenflächen des Parks. Die scheuen *Rotnacken-* und *Sumpfwallabies* sowie die putzigen *Koalas* bekommt man dagegen selten zu Gesicht – es sei denn, man hat gute Augen. Selten blicken lassen sich auch die zahlreiche Reptilien – von einem gelegentlichen *Goanna* abgesehen. Die größte Vielfalt aber können die Vögel für sich verbuchen: Mehr als 180 Arten bevölkern den waldreichen Park.

Im Park unterwegs

Von *Coonabarabran*, einem geschäftigen Ort nordwestlich des Parks, führt der *John Renshaw Parkway* in das Schutzgebiet. Kurz vor Erreichen der Nationalpark-Grenze zweigt rechts ei-

21 Eines der Schaustücke des Warrumbungle National Parks ist die Trachytsäule des Belougery Spire. Die Felsnadel stellt den erkalteten, erosionsbeständigen Pfropfen eines Vulkanschlotes dar. Der Gipfel der Zinne ist nur erfahrenen Kletterern vorbehalten.

Information

Auskünfte: National Parks & Wildlife Services, 56 Cassilis Street (P. O. Box 39), Coonabarabran, NSW 2375, Tel. 068/42 13 11.
Reisezeit: Der Park ist ganzjährig geöffnet. Frühling und Frühsommer gelten als die schönste Reisezeit, im Winter kann es im Park empfindlich kalt werden.
Unterkunft: Außer Camping gibt es im Park keine Übernachtungsmöglichkeiten. Hotels und Motels findet man im nahen Coonabarabran.
Camping: Mit allen sanitären Anlagen ausgestattet ist Camp Blackman, Toiletten und Wasser gibt es im Camp Wambelong. Camp Elongery ist für Gruppen reserviert.
Aktivitäten: Wandern, Klettern (Permit notwendig), Tierbeobachtungen.

ne steile Teerstraße zum Siding Spring Observatory ab – ein Abstecher, der zu empfehlen ist. Das große Teleskop kann besichtigt werden, und eine ständige Ausstellung mit dem lockenden Titel »Exploring the Universe« entführt Besucher in die geheimnisvolle Welt der Sterne.

Ein Hinweisschild mit der Aufschrift Whitegum Lookout weist ein paar Kilometer weiter im Park auf die erste Sehenswürdigkeit hin. Ein kurzer Spaziergang von fünfzehn Minuten führt zu einem Aussichtspunkt, von dem aus die gesamte Hauptkette der Warrumbungle Range mit ihren markanten Felsgestalten überblickt werden kann. Eine Schautafel erklärt das Panorama und vermittelt Wissenswertes über die Entstehungsgeschichte der Gegend.

Die Straße windet sich nun in einer großen Schleife den Berghang hinunter. Schon bald darauf öffnet sich das Gelände, weite Grasebenen bestimmen jetzt das Bild. Besonders am Morgen und am Abend bevölkern hier ganze Herden von *Känguruhs* die Wiesen. Zum Visitor Centre, dem Hauptquartier des Parks angegliedert, ist es jetzt nicht mehr weit. Hier werden die Permits für das Zelten ausgegeben, Ausstellungen und Videovorführungen stellen die Besonderheiten des Parks vor und freundliche Ranger geben Auskünfte über die Wandermöglichkeiten im Park.

Wandern im Park

Denn um den Park wirklich kennenzulernen, müssen die Wanderstiefel geschnürt werden. Ein Netz von Wanderwegen durchzieht den zentralen Teil des Reservats und ermöglicht den Zugang zu praktisch allen landschaftlichen Ausprägungen. Als schönste Wanderung lockt der Grand High Tops Circuit. Er verbindet die bekanntesten Felsformationen der Warrumbungle Range zu einer langen, aber äußerst lohnenden Tour. Bluff Mountain – auf einem Abstecher vom Weg aus zu besteigen –, Bluff Pyramid, Crater Bluff und Belougery Spire – die Grand High Tops – stehen Parade. Als optische Zugabe gibt es die Trachytmauer des Breadknife. Früher war der schmale Gesteinswall ein beliebtes Kletterziel, heute ist die erosionsgefährdete Mauer allerdings für Felsakrobaten tabu. Näher als auf dem Grand High Tops Circuit kommt man an die berühmten Felsgestalten des Parks nicht heran. Mit Abstand betrachten kann man sie vom Felsgipfel des Macha Tor, erreichbar über den Goulds Circuit. Gipfelstürmer werden an der Besteigung des Mt. Exmouth ihre Freude haben. Auch von seinem höchsten Punkt aus sind die Aussichten grandios.

Myall Lakes National Park

Seenplatte hinter Dünen

Nördlich der Stadt Newcastle schwenkt der Pacific Highway ins Landesinnere ein, hält nun für längere Zeit Abstand zur Küste – und umgeht so einen der attraktivsten Nationalparks von New South Wales, den Myall Lakes National Park. Vom Highway aus nicht einsehbar, zieht sich zwischen dem kleinen Küstenort Hawks Nest und dem zauberhaften Städtchen Forster eine *Kette von Seen* parallel zur Küste entlang. Vom offenen Meer sind sie durch einen hohen *Dünenwall* abgeschirmt. Die miteinander verbundenen Seen Bombah Broadwater, Two Mile Lake, Boolambyte Lake und Myall Lake bilden mit einer Fläche von etwa 10000 Hektar das größte natürliche System von Küstenseen in New South Wales und nehmen bereits ein Drittel der Gesamtfläche des Parks ein. Sie stellen ein wichtiges *Laichgebiet* für zahlreiche Fischarten und *Garnelen* dar.

Entstehungsgeschichte

Die Seen begannen sich vor etwa 8000 Jahren, gegen Ende der letzten Eiszeit, zu bilden. Damals stieg der Meeresspiegel an und überflutete küstennahe Flußtäler. Dabei wurden höhergelegenes Land und felsige Hügel zu Inseln, die die Grundsteine zu der Landschaft, wie sie sich heute präsentiert, bildeten. Die Inseln fungierten sozusagen als Anker für die angespülten Sandmassen. Letztere begannen sich um die Inseln abzulagern; im Lauf der Zeit bildeten sich riesige Dünenwälle und das aufgestaute Wasser wurde vom Meer abgeschnitten. Diese Wälle schützen heute die Seen vor der wilden Brandung des Pazifischen Ozeans.

Vegetation begann die Dünen zu erobern. Vor allem sandbindende Gräser und kleine Büsche, die im Frühling ihre bunten Blüten entfalten, trugen dazu

22/23 Zwei Gesichter – ein Park: Erst kürzlich in den Myall Lakes National Park eingegliedert wurde die felsige Landzunge des leuchtturmgeschmückten Sugar Loaf Point. Kernstück des großartigen Parks ist jedoch eine ausgedehnte Seenplatte, die in den Ferienzeiten ein beliebtes Revier für Wassersportler und Fischer darstellt. Eine der geruhsamsten Möglichkeiten, die miteinander verbundene Seen sowie deren Vogel- und Pflanzenwelt zu erleben, ist per Kanu – hier entlang des mit Papierrinden-Bäumen bewachsenen Ufers des Two Mile Lake.

Information

Auskünfte: Myall Lakes National Park, 5 Bourke St. (P. O. Box 270), Raymond Terrace, NSW 2324, Tel. 049/873108.
Reisezeit: Der Park ist ganzjährig geöffnet.
Unterkünfte: Die einzige Übernachtungsmöglichkeit im Park gibt es am Bombah Point. Die umliegenden Orte Hawks Nest, Tea Garden, Nerong, Bulahdelah und Bungwahl bieten Unterkünfte verschiedener Kategorien.
Camping: Zahlreiche Campingplätze unterstreichen die Beliebtheit des Parks. Die mit dem Auto erreichbaren Zeltplätze finden sich bei Mungo Brush, Broadwater, Bombah Point, Yagoon und Violet Hill. Nur mit dem Boot zu erreichen sind die Campingplätze River Mouth (Bombah Broadwater), Shelly Beach (Myall Lake), Korsmans Landing (Two Mile Lake) und Johnstons Beach (Boolambayte Lake).
Aktivitäten: Alle Arten von Wassersport (Segeln, Windsurfen, Motorbootfahren, Wasserski, Schwimmen) sowie Wandern und Fischen.

bei, die Sandmassen zu stabilisieren. In den von salzbeladenen Winden geschützteren Regionen wächst *Eukalyptuswald*, dominiert von *Red Bloodwood, Blackbutt* und *Swamp Mahogany*. Auffälligstes Gehölz an den Ufern der Seen ist der *Papierrindenbaum* mit einer vielschichtigen papierähnlichen Rinde. Eine Besonderheit im Bereich des Parks bildet der *Küstenregenwald* von Mungo Brush. Diese Vegetationsgemeinschaft, von der nur noch winzige Reste vorhanden sind, wächst nahe der Küste, und ihre Pflanzen sind den salzhaltigen Winden ausgesetzt. Die Bäume in dieser rauhen Umwelt wachsen nicht besonders hoch, *Moose, Farne* und *Epiphyten* sind selten; der Unterschied zu den küstenfernen Regenwäldern ist augenscheinlich.

Diese Vegetationszonen bilden Lebensräume für die unterschiedlichsten Tiere. Zu den häufigsten »Großtieren« zählen *Eastern Grey Kangaroos, Sumpf-* und *Red-necked Wallabies, Dingos* und *Koalas*. Zahlreich sind die nachtaktiven *Ring-tailed* und *Brush-tailed Possums*. Viele Reptilien, darunter auch Giftschlangen, fühlen sich im Park wohl. Für Vogelliebhaber bilden die Seen ein weites Betätigungsfeld. *Pelikane, Schwarze Schwäne, Enten* und *Reiher* beleben die Gewässer, über den Seen kreisen häufig *Weißbauch-Seeadler* auf der Jagd nach Fischen. Auffälligste Vögel in den Waldgebieten des Parks sind der blauschwarz schimmernde *Seidenlaubenvogel* und der auffällig gefärbte *Königssittich*.

Im Park unterwegs

Die großartigen Freizeitmöglichkeiten sorgen dafür, daß das Schutzgebiet in bezug auf seine Popularität einen Spitzenplatz innerhalb der Nationalparks des Staates New South Wales einnimmt. Segeln, Kanutouren, mehrtägige Aufenthalte auf Hausbooten oder Spritztouren mit Motorbooten sowie Wasserskifahren sind beliebt, Fischen eine Passion vieler Australier. Wandermöglichkeiten erhöhen die Attraktivität weiter; wer möchte, kann zwischen Meer und Seen wählen, wenn ihm nach Schwimmen zumute ist. Denn der Park umfaßt nicht nur die Seen mit den umliegenden Wäldern, sondern auch einen weiten *Küstenabschnitt* mit kilometerlangen *Sandstränden*.

Fährt man von Hawks Nest auf der geteerten Mungo Brush Road in den Park hinein, verlocken immer wieder Sandpisten zwischen den Dünen zu Strandabstechern. Diese kurzen Stichstrecken sind allerdings nur mit dem Allradfahrzeug zu befahren. Am *Bombah Broadwater* bietet sich die Gelegenheit, die botanische Besonderheit des Mungo Brush auf einer Rundwanderung zu erkunden, bevor es weiter geht zur Fähre, die den Verbindungskanal zwischen Bombah Broadwater und *Two Mile Lake* überwindet. Dann ist *Bombah Point*, das touristische Zentrum im Park, erreicht. Ein kleiner Laden, eine Tankstelle, ein Caravan- und Campingplatz und ein Bootsverleih sind hier ebenso zu finden wie diverse Übernachtungsmöglichkeiten. Bombah Point ist der beste Ausgangspunkt, um die glitzernde Wasserwelt der Seenplatte mit dem Kanu, dem Motorboot oder dem Segelboot zu erkunden. Eine der schönsten Bootsausflüge im Park hat dabei den *Boolambyte Creek*, der kurz vor dem gleichnamigen See in den Two Mile Lake mündet, zum Ziel. Im dunklen, von Gerbsäuren gefärbten Wasser spiegeln sich die *Papierrindenbäume*, deren Äste bilden ein Dach über den stillen Fluß, und wer sich leise vorantastet, hat in dieser verwunschenen Landschaft gute Möglichkeiten, seltene Vögel zu beobachten.

Von *Bombah Point* führt die Straße, die sich jetzt *Lakes Road* nennt und noch nicht durchgehend geteert ist, aus dem Park hinaus nach *Buhladelah*. In diesem kleinen Ort an dem Pacific Highway können Hausboote gemietet werden. Über den *Upper Myall River* erreicht man mit den Booten vom Ort aus problemlos *Bombah Broadwater* und kann nun tagelang die Seenplatte durchkreuzen.

Einen Abstecher wert ist die nordöstlichste Ecke des beliebten Nationalparks. Für Einsamkeitsfanatiker bietet sich dort der verschwiegene Campingplatz von *Yagoon* (Straße von Bungwahl) als Ziel an. Das Meer ist nur ein paar Gehminuten entfernt, und nichts steht hier langen Strandspaziergängen im Wege. Die drei Kilometer entfernte Felshalbinsel *Seal Rock* mit dem *Leuchtturm* lohnt einen Abstecher. Seal Rock mit den wilden Felsabstürzen zum Meer hin wurde erst kürzlich dem Nationalpark angegliedert.

Blue Mountains National Park

Park mit zwei Gesichtern

Spaziert man durch die Straßen der quirligen Millionenmetropole *Sydney*, fällt einem die Vorstellung schwer, daß nur eineinhalb Autostunden von diesem Stadtmoloch entfernt eine der schönsten und spektakulärsten Naturlandschaften Australiens wartet: die *Blue Mountains*.

Genau betrachtet sind die Blue Mountains eigentlich gar kein Gebirge, sondern ein mächtiges Sandsteinplateau, das am Ende des Tertiärs durch gewaltige Kräfte im Erdinneren hochgedrückt wurde, dabei zerbrach und im Laufe der Jahrmillionen von Flüssen zersägt und aufgeteilt wurde. So entstand ein verzweigtes System an Tälern, Schluchten und Canyons, begrenzt von zum Teil mehrere hundert Meter hohen Felswänden und Klippen. Das zerklüftete Sandsteinplateau bildete für eine ganze Generation von Siedlern eine unüberwindbare Barriere auf dem Weg nach Westen. Zahlreiche Versuche der Überquerung scheiterten. Erst 1813 gelang es einer Expedition, das unwegsame Hindernis zu überwinden und den Weg nach Westen freizumachen. Bereits 1815 hatte man die erste Straße über die Blue Mountains

24 Die verwunschene Waldwelt im Tal des tief eingeschnittenen Williams Rivers im Barrington Tops National Park ist nur zu Fuß zu erreichen. Mit etwas Glück kann man hier den scheuen Leierschwanz mit seinem auffälligen Schwanzgefieder beobachten.

fertiggestellt, und mit der Inbetriebnahme der Great Western Railway begann 1868 der Tourismus in der Region. 1959 erklärte man große Teile des zerklüfteten Plateaus zum Nationalpark, weitere Gebiete wurden 1977 hinzugefügt, und heute umfaßt der Park 247 000 Hektar.

Die Natur des Parks

Dank der reich gegliederten Topografie der Blue Mountains findet man im Park die unterschiedlichsten Vegetationsgemeinschaften und Lebensräume. Während auf den Plateauhöhen *Heidegemeinschaften* und trockene *Eukalyptuswälder* mit einer erstaunlichen Vielfalt an Pflanzenarten vorherrschen, bestimmt *subtropischer Regenwald* mit mächtigen *Sassafras-* und *Coachwood-Bäumen* in den Tiefen der Täler und Canyons das Bild. Farne, Moose und Flechten bilden den Unterbau dieser feuchten Wälder. Viele Tiere im Park sind nachtaktiv und deswegen selten zu sehen. Dazu gehören die *Possums, Wombats, Sugar- und Greater Glider. Sumpf-Wallabies* sind gelegentlich in der Dämmerung zu beobachten. Die auffälligste und artenreichste Tierfamilie im Park aber sind die Vögel. Über einhundert Arten wurden im Park registriert, darunter so auffällige Schönheiten wie der bunte *Königssittich* oder der *Leierschwanz*. Wanderer begleitet das charakteristische Schnalzen des *Whip Bird* und das helle Klingeln des *Bell Bird*. Eine ganze Reihe von *Reptilien* finden im Park ihren Lebensraum.

Die Blue Mountain Drives

Die Nähe zur Stadt und die leichte Erreichbarkeit über den Great Western Highway machen den Blue Mountain National Park zu einem beliebten Naherholungsziel der Sydneysider. Entsprechend groß ist der Andrang; die Beliebtheit des Parks spiegelt sich wider in der weitentwickelten touristischen Infrastruktur. Das große Schutzgebiet wird durch einen breiten Korridor entlang dem Great Western Highway in zwei Teile geschnitten. An dieser wichtigen Westverbindung reihen sich zahlreiche Ortschaften, zusammengefaßt als City of the Blue Mountains, wie Perlen an einer Schnur auf. Die Orte Glennbrook mit dem Information Centre, Wentworth Falls, Leura, Katoomba, Medlow Bath, Blackheath und Mt. Victoria bilden dabei die touristischen Brennpunkte.

Vom Great Western Highway nun zweigen zehn Ausflugsstraßen ab – die sogenannten Blue Mountain Drives. Sie führen zu Sehenswürdigkeiten und Aussichtspunkten am Rande des Nationalparks. Der Routenverlauf ist jeweils mit Schildern gekennzeichnet. Die besten Einblicke in die landschaftlichen Schönheiten des Reservats bekommt man auf den Blue Mountains Drives 6 bis 8. Sie beinhalten praktisch alle touristischen Höhepunkte des Parks. Blue Mountain Drive 6 – auch als Cliff Drive bekannt – hat seinen Ausgangspunkt in Katoomba, dem Epizentrum der touristischen Aktivitäten. Erstes Ziel des Rundkurses ist der Honeymoon Lookout, Höhepunkt ist aber sicher der kurz darauf folgende Echo Point. Hier sind die Auswirkungen des Tourismus allerdings besonders stark zu spüren. Während der Hochsaison muß man hier den Blick über das Jamison Valley hinüber zum Mt. Solitary und zum *Ruined Castle* sowie zu den nahen Sandsteintürmen der Three Sisters, der bekanntesten Felsformation der Blue Mountains, mit ganzen Busladungen von Touristen aus aller Herren Länder teilen. Das *Blue Mountains Information Center* am Echo Point offeriert Auskünfte, Bücher, Karten und Souvenirs.

Nächster Stopp entlang dem *Blue Mountain Drive 6* ist die Bergstation der Scenic Railway, einer Zahnradbahn, die durch eine Steilrinne in den Wandabstürzen ins dichtbewaldete Jamison Valley hinunterführt. Atemberaubende Blicke bietet die Fahrt mit der Scenic Skyway, einer Seilbahn, die eine enge Talausbuchtung des Plateauabbruchs überquert. Unweit der Bergstation zweigt vom Cliff Drive eine unbefestigte Seitenstraße auf das Narrow Neck, eine schmale, von senkrechten Felswänden eingerahmte Landzunge, ab. Schließlich rundet der Cahill's Lookout den Ausflug ab.

Höhepunkte des Blue Mountain

25 Eine der zahlreichen Launen der Natur im Blue Mountains National Park ist die »Wind-eroded Cave« an der Anvil Ridge. Erosion hat hier einen großartigen Felsüberhang geschaffen und dessen Sandsteinwände mit bizarren Mustern und Formen versehen.

Information

Auskünfte: Blue Mountains Heritage Centre, Govetts Leap Road (P. O. Box 43), Blackheath, NSW 2785, Tel. 047/878877; Glenbrook Visitor Centre, Bruce Road, Glenbrook, NSW 2773, Tel. 074/392950.

Reisezeit: Der Park ist ganzjährig geöffnet. Als schönste Jahreszeiten zum Wandern empfiehlt sich der australische Frühling und Herbst. Einen eigenen Reiz haben die Wintermonate, gelegentlich fällt in den höheren Lagen Schnee.

Unterkünfte: In den Orten entlang dem Great Western Highway, besonders in Leura, Katoomba und Blackheath, gibt es Unterkünfte in allen Preislagen und Kategorien. Auskünfte gibt die Blue Mountains Tourism Authority, P. O. Box 8, Glennbrook, NSW 2773, Tel. 047/396266.

Camping: Caravanparks mit allen Einrichtungen gibt es in Katoomba, Blackheath und Leura. Sehr einfache, mit dem Auto erreichbare Campingplätze sind außerdem Euroka Clearing und Ingar (nahe Wenthworth Falls), Murphys Glen (nahe Woodford) und Perrys Lookdown (nahe Blackheath). Wildes Zelten ist im Park abseits der Wege und Straßen erlaubt. Einschränkungen gibt es nur im Grose Valley. Hier darf nur bei Acacia Flat und Burra Korain gezeltet werden.

Aktivitäten: Die Blue Mountains sind in erster Linie ein Wanderpark. Andere Aktivitäten sind Canyoning, Klettern, Reiten (Tel. 047/879165) und Hubschrauberrundflüge (Tel. 047/881109).

Touren: Neben von Rangern angebotenen Wanderungen bietet Mountain Designs (Tel. 047/825999) Kletter- und Canyontouren an.

Drive 7 sind ohne Zweifel die spektakulären Aussichtspunkte *Govetts Leap* und *Evans Lookout*. Vor allem der Blick über das mächtige *Grose Valley* vom Govetts Leap aus offenbart geradezu bilderbuchhaft die außergewöhnliche Struktur der Blue Mountains. Das dichtbewaldete Tal wird eingerahmt von steilen Felsabbrüchen, die zum Teil bis zu 300 Meter hoch sind. Blickt man nach rechts, fügen die über die Felskante stürzenden *Bridal Vail Falls*, mit 180 Metern Fallhöhe der höchste Wassersturz in den Blue Mountains, dem Bild noch eine weitere Dimension hinzu.

Auf dem Weg zum Govetts Leap passiert man das interessante *Blue Mountain Heritage Centre*. Von hier führt der *Fairfax Heritage Track* zum *Govetts Leap Lookout* hinunter und gibt einen guten Einblick in die abwechslungsreiche Vegetation der Region.

Einen ganz anderen Aspekt der Blue Mountains lernt man auf dem *Blue Mountain Drive 8* kennen. Nicht die an Aussichtspunkten reichen Plateauränder sind hier das Ziel, sondern die Tiefen eines Tals: Durch dichten Regenwald windet sich die Straße in das *Megalon Valley* hinunter.

Zu Fuß im Park unterwegs

Die Blue Mountain Drives machen die touristisch erschlossene Seite des Parks zugänglich, erlauben aber nur Ein- und Ausblicke auf das andere, wilde Gesicht des Parks. Nur wer bereit ist, auf Bequemlichkeit zu verzichten, und sich zu Fuß aufmacht, wird die eigentliche Schönheit dieser Wildnis erleben können. Dabei bilden die zahlreichen Lookouts entlang dem Blue Mountain Drive die Ausgangspunkte für die Fluchten in die Einsamkeit. Der an Landschaftspanoramen reiche Wanderweg zum *Evans Lookout*, der dunkle Einschnitt des *Grand Canyon* und der duftende Eukalyptushain des *Blue Gum Forest* im *Grose Valley* sind zum Beispiel vom *Govetts Leap Lookout* aus zu erreichen. Lohnend vom *Echo Point* aus sind der mit Aussichtspunkten garnierte *Prince Henry Cliff Walk* oder der Abstieg über die *Giant Stairway* in das *Jamison Valley*. Die *Bergstation der Scenic Railway* steht am Anfang einer abwechslungsreichen Wanderung über die *Furber Steps* in die Tiefe der Regenwälder und weiter zum *Ruined Castle* und zum *Mt. Solitary*. Über die steilen Furber Steps erreicht man auch den *Federal Pass* und den Regenwald des *Leura Forest*.

Royal National Park

Der Volkspark

Der 5. Januar 1994 war ein schwarzer Tag für den *Royal National Park*. An diesem Tag begann eines der verheerendsten Buschfeuer, das je den Park heimgesucht hatte. Zwei getrennt entstandene Brandherde im Park vereinigten sich, angetrieben durch heiße Winde, zu einer unkontrollierbaren Feuersbrunst und zerstörten in fünf Tagen über 14000 Hektar, das entspricht 95 Prozent der Parkfläche. Nur einige Küstentäler und die Südostecke des Parks blieben von den Flammen verschont.

Diese Brandkatastrophe läßt an das Jahrhundertfeuer denken, das 1988 den amerikanischen Yellowstone National Park großflächig verwüstete; denn was den Amerikanern der Yellowstone, ist den Australiern der Royal National Park. Obwohl ihre Natur keinerlei Gemeinsamkeiten aufweist, gibt es doch einige Punkte, die einen Vergleich zulassen. Der Royal National Park ist der erste Nationalpark, der in Australien eingerichtet wurde – und zwar im Jahre 1879 als »*The National Park*«. Damit wurde das erste Mal überhaupt die Bezeichnung Nationalpark für ein öffentliches Schutzgebiet verwendet. Damit ist er gleichzeitig der zweitälteste Nationalpark der Erde, geschlagen von dem nur sieben Jahre älteren Yellowstone National Park, der sich »erster Nationalpark der Erde« auf seine Fahnen schreiben darf. Allerdings war beim Yellowstone zur Zeit der Gründung im Jahre 1872 noch nicht von einem Nationalpark die Rede. Erst 1883, also vier Jahre nach der Gründung von The National Park, wurde Yellowstone per Gesetz zum Nationalpark erklärt. Genaugenommen würde also der Titel »erster Nationalpark der Erde« dem Royal National Park zustehen. Aber für Spitzfindigkeiten dieser Art fehlt den Australiern der Sinn. Die Bezeichnung »Royal« wurde übrigens anläß-

26/27 Um die ganze Schönheit des Blue Mountains National Parks zu erfahren, muß man sich zu Fuß aufmachen. Nur so kann man in die subtropischen Regenwälder der geschützten Täler eindringen, die einen starken Kontrast zu den trockenen Eukalyptuswäldern auf den Plateauhöhen bilden. Im Bild der Aufstieg zum Evans Lookout und die Überquerung des Greaves Creek beim Abstieg in das Grose Valley.

Folgende Abbildung:

28 Monumentales Wahrzeichen und das am häufigsten fotografierte Objekt der Blue Mountains sind die freistehenden Felstürme der Three Sisters. Einer Aboriginal-Legende zufolge stellen sie die versteinerten Töchter des Medizinmannes Tyawan dar.

Information

Auskünfte: Royal National Park, P. O. Box 44, Sutherland, NSW 2232, Tel. 02/5212230 oder 02/5420648.
Reisezeit: Der Park ist ganzjährig geöffnet.
Unterkunft: Im Park selbst gibt es außer Zelten keine Übernachtungsmöglichkeiten. Ein eingeschränktes Angebot an Unterkünften bieten die Orte Bundeen und Otford.
Camping: Der einzige mit allen sanitären Anlagen ausgerüstete Campingplatz liegt in Bonnie Vale bei Bundeena. Wild zelten ist überall im Park erlaubt, solange man sich von Wegen und Picknick-Plätzen fern hält. Fürs Zelten braucht man ein Permit.
Aktivitäten: Wandern, Kanufahren, Radfahren, Fischen. Lohnend sind folgende Wanderungen: Coast Track (26 km, 2 Tage), Uloola Track (11 km), Lady Carrington Walk (9,6 km), Forest Island (4 km) und der Wallumarra Track.
Touren: In den Schulferien veranstalten Ranger geführte Touren. Buchungen im Visitor Centre in Audley.

lich des Australienbesuchs Königin Elizabeths II. von England 1954 nachträglich angefügt.

Ursprünglich war das über 15000 Hektar große Areal als Volkspark (*»the peoples park«*) als Erholungsgebiet für das damals von Krankheiten und Ungeziefer heimgesuchte Sydney geplant worden. Der Park erfreute sich bald großer Beliebtheit, die bis heute ungebrochen anhält. Einer der Gründe für die große Popularität ist seine ausgezeichnete Verkehrsanbindung an *Sydney*. Der Royal National Park erstreckt sich südlich der Großstadt entlang der Küste und ist von den Vororten der Millionenmetropole nur durch den Meeresarm des *Port Hacking* getrennt. So ist es möglich, von der City mit einem Vorortzug nach *Cronulla* zu fahren, auf eine kleine *Fähre* umzusteigen und auf der anderen Seite des Meeresarmes in den Park hineinzuwandern. Ebenso günstig ist die Verkehrslage am südlichen Ende des Parks: der kleine Ort *Otford* ist ebenfalls mit einem Nahverkehrszug von der City aus zu erreichen. Kein anderer Nationalpark Australiens hat eine so gute Anbindung durch öffentliche Verkehrsmittel an einen Ballungsraum wie der Royal National Park.

Geologie

Vor 230 Millionen Jahren war das Gebiet, auf dem sich heute der Royal National Park befindet, Teil eines riesigen Deltas an der Küste. Flüsse, die ihren Ursprung im Neuengland-Distrikt im Norden von New South Wales hatten, luden hier Schicht für Schicht Sand und Geröll ab und bedeckten damit die Kohleablagerungen der vorhergehenden Epoche mit mächtigen Sedimentlagen, die sich später zu Gesteinspaketen verdichteten. Vor etwa 100 Millionen Jahren begann sich dann das Land langsam zu heben. Dabei wurden die Sedimentpakete nach Norden gekippt, und es entstand das pfannenförmige Becken, in dem heute Sydney liegt. Einmal exponiert, konnten die Kräfte der Erosion ansetzen und das Bodenrelief formen. Vor allem das Meer trug dazu bei, der Landschaft ihren Stempel aufzudrücken. So ist die Küste mit ihren wilden Sandsteinklippen, den versteckten Buchten und Stränden, den zahlreichen Gezeitenbecken und den weiten Dünenlandschaften die interessanteste Seite des »Oldies«.

29 Nahe dem Aussichtspunkt Govetts Leap stürzen die Bridal Vail Falls über die Kante einer Sandsteinwand. Mit 180 Metern Fallhöhe gelten sie als der höchste Wasserfall der Blue Mountains.

Pflanzen und Tiere

Der nährstoffarme sandige Boden des Parks läßt eine überraschend reiche Flora gedeihen. Zwischen Juli und November entfalten über 700 Blütenpflanzen ihre farbige Pracht. *Heidevegetation* bestimmt das Bild an der *Küste*. Mit steigender Höhe geht diese in *Waldland* über. Hochstehender Wald und *Regenwald* gedeihen in den tief eingeschnittenen Schluchten. In den Gezeitenzonen der Flüsse finden *Mangroven* ihr Auskommen; Schilf bedeckt die Sumpfgebiete des Reservats. Wer heute im Park unterwegs ist, stößt überall auf die Spuren des Buschfeuers vom Januar 1994. Aber man wird auch mit Erstaunen feststellen, wie schnell sich die Pflanzenwelt dort regeneriert hat. Bereits ein paar Wochen nach dem Feuer begannen verkohlte Eukalyptusbäume wieder auszutreiben, Gras- und Farnschößlinge durchbrachen den aschegedüngten Boden, Samen begannen zu keimen. Glimpflich davongekommen sind auch jene Waldstücke, in denen feuerempfindlicher Regenwald wächst.

Im Park unterwegs

Ein idealer Ort, seine Erkundungen zu beginnen, ist das *Visitor Centre* in *Audley* im Nordteil des Parks. Ausstellungen und Videoshows informieren über die Geschichte, Geologie, Pflanzen und Tiere des Parks; ein wichtiges Thema ist natürlich auch das Feuer von 1994. Mehrere Straßen durchziehen das Reservat, dessen Hauptsehenswürdigkeiten an der Küste liegen. Strände sind hier rar: der größte Teil der Küste zeigt sich als dramatische Steilküste mit hohen, brandungsumtosten Sandsteinklippen. Beliebt bei Familien ist vor allem der *Wattamolla Beach*, der über die *Wattamola Road* vom *Bundeena Drive* aus erreicht wird. Die wunderschöne Sandbucht eignet sich ausgezeichnet zum Schwimmen, die umliegenden Klippen bieten vielversprechende Plätze zum Brandungsfischen. Die bekannten Strände *Big* und *Little Marley Beach* sowie *Burning Palms* sind nur zu Fuß zu erreichen. Den intensivsten Eindruck von dem wilden Küstenabschnitt zwischen *Bundeena* und *Otford* bekommt man allerdings auf dem *Coast Track*, für den man zwei Tage veranschlagen muß. Der an Aussichtspunkten reiche Weg verläuft meist an der Kante der Steilküste und verbindet alle Höhepunkte entlang der Küste. Neben den Stränden herausragende Attraktionen sind der *Eagle Rock*, ein riesiger überhängender Fels, der an den Kopf eines Adlers erinnert, oder der *Figure Eight Pool* bei Burning Palms. Auf einer Felsplatte am Meer haben sich erstaunliche Gezeitenbecken gebildet, darunter der Figure Eight Pool, der die Form einer großen Acht hat. Insgesamt erschließt ein Wegenetz mit einer Gesamtlänge von 150 Kilometern praktisch alle Ecken des Parks.

Kosciusko National Park

Das Dach Australiens

Australien – mit einer durchschnittlichen Höhe von 300 Metern der flachste Kontinent der Erde – fehlt eine Gebirgslandschaft mit alpinen Dimensionen. Vor diesem Hintergrund fällt es leichter, die Begeisterung der Australier für die *Snowy Mountains* und den grandiosen *Kosciusko National Park* zu verstehen. Der riesige Park – er umfaßt über 690000 Hektar – beherbergt eine ganze Reihe der höchsten Berge Australiens, darunter den Kumulationspunkt des gesamten Kontinents, den

2228 Meter hohen Mt. Kosciusko. Baumlose Höhen, blumenreiche Matten, Gebirgsseen, ungestüme Flüsse und endlose Wälder bilden die Komponenten einer für Australien einzigartigen Landschaft – die sich zudem im Winter in eine Zauberwelt mit Schnee und Eis verwandelt. Damit kommen die Snowy Mountains mit ihren abgerundeten Kuppen, denen allerdings die alpine Schroffheit gänzlich fehlt, der Vorstellung eines richtigen Gebirges am nächsten – und locken die Australier in hellen Scharen an. Drei Millionen Besucher pro Jahr sprechen eine deutliche Sprache. Im Sommer einmal auf den Mt. Kosciusko, das Dach Australiens zu pilgern, ist für viele Australier nationale Pflicht. So tummeln sich an schönen Sommertagen dann auch Menschenmassen in wahrlich alpinen Dimensionen auf dem von Granitblöcken übersäten prominenten Gipfel. Und im Winter sind die Skigebiete innerhalb des Nationalparks für die schneeverrückten Australier das Ziel ihrer Träume.

Geologie

Die Genesis der Snowy Mountains begann vor etwa 450 Millionen Jahren. Damals waren große Teile von Südost-Australien vom Meer bedeckt. In den folgenden 100 Millionen Jahren lagerten sich Sedimentgesteine und vulkanisches Material ab. Schließlich begann sich der Meeresboden zu heben, die Gesteinsschichten wurden aufgefaltet und verworfen, Erosion setzte ein. Zu dieser Zeit drangen große Mengen Magma in die Sedimentschichten ein, erkalteten und erhärteten sich zu Granit. An den Kontaktzonen wurde Gestein durch Hitze und Druck umgewandelt. Im Laufe der Jahrmillionen wurde der Granitkern herausgewittert; in das durch die Anhebung entstandene Plateau schnitten sich Flüsse ein und schufen tiefe Täler.

Eine besondere Form der Landschaftsumgestaltung – mit auch heute noch sichtbaren Zeugnissen – begann vor etwa 40000 Jahren. Damals wurde das Klima immer kälter, und es bildeten sich Gletscher. Mit steigenden Temperaturen zogen sich die Eisströme wieder zurück und verschwanden schließlich ganz aus dem Landschaftsbild der Snowy Mountains. Die Spuren des Eises, ausgehobelte Kare und dunkle Karseen, poliertes Gestein und Moränen, sind heute noch sichtbar. Ein besonders gutes Beispiel für diese glacialen Landschaftsformen ist der Blue Lake in der Main Range, dem Hauptkamm der Snowy Mountains.

Ein von Menschen geprägter Park

Nicht nur die Natur mit ihren verändernden Kräften hat den Bergen des Kosciusko National Parks ihren Stempel aufgedrückt. Auch der Mensch in seinem Streben nach Profit trug das Seine dazu bei, die Landschaft zu gestalten. 1859 fand man Gold bei Kiandra, und innerhalb kürzester Zeit schnellte die Zahl der Einwohner des Ortes auf über 10000. Von dem einstigen Boom ist heute nicht mehr viel zu sehen. Der Ort, Schauplatz menschlichen Glücks und Unglücks, ist längst verschwunden. Nur die Reste von Maschinen, die zur Gewinnung des Goldes verwendet wurden, hat man dort, wo sich Kiandra früher befand, am Snowy Mountains Highway aufgestellt. Dahinter – am sogenannten New Chum Hill – erkennt man die Wunden, die man der Landschaft zugefügt hat.

In den dreißiger Jahren desselben Jahrhunderts zwang eine katastrophale Dürre die Viehzüchter, die ihre Weiden zu Füßen der Snowy Mountains hatten, ihre Tiere zum Grasen in die Hochlagen zu treiben; in den sechziger Jahren war die Sommerweide bereits gängige Praxis. Erst 1972 (der Park wurde bereits 1967 gegründet) wurde, erzwungen durch die verheerenden Auswirkungen der Sommerweide auf die empfindliche Vegetation, der Weidebetrieb eingestellt. Heute noch findet man auf Wanderungen in den Snowy Mountains, zum Beispiel auf dem an Aussichtspunkten reichen Main Range Walk, der vom Charlotte Pass aus entlang der Hauptkette des Gebirges zum Mt. Kosciusko führt, die Überreste von Stacheldrahtzäunen.

Weitaus größer – und in ihren Dimensionen kaum überschaubar – war jedoch die Einrichtung des Snowy Mountain Hydro-Electric Scheme. Das ehrgeizigste Projekt in der Geschichte

Information

Auskünfte: Kosciusko National Park, Private Mail Bag, via Cooma, NSW 2630, Tel. 064/562102.
Reisezeit: Der Park ist ganzjährig geöffnet. Die schönste Zeit zum Wandern sind die Monate Februar und März, wenn die Wildblumen in voller Blüte sind. Zwischen Dezember und September gehört der Park den Wanderern, in den Wintermonaten (August bis Oktober) liegt in den Hochlagen meist Schnee; Schneestürme und Frost sind dann die Regel.
Unterkunft: Eine ganze Palette an Übernachtungsmöglichkeiten bieten sich im Park an. Zentrum des touristischen Geschehens ist dabei Thredbo mit Chalets, Lodges und Hotels. Sämtliche Orte des Skigebiets bieten Unterkünfte. Außerhalb des Parks kommt vor allem das Städtchen Jindbyne als Übernachtungslokalität in Frage.
Camping: Bestens ausgerüstet ist der Campingplatz bei Sawpit Creek, Tel. 064/562224.
Aktivitäten: Wandern, Wildwasserfahren, Skifahren, Skitouren.
Touren: Skitouren, Tageswanderungen und mehrtägige Trekkings im Park werden von dem Bergsportausrüster Paddy Pallin, PMB 5, Jindabyne, NSW 2627, Tel. 064/562922 angeboten.

30 An der Küste des Royal National Parks hat sich die Natur als Künstler betätigt und die Sandsteinplatten im Brandungsbereich mit eigenartigen Ornamenten ausgestaltet. Auffälligster Teil ist der Figur-Eight-Pool, zwei miteinander verbundene kreisrunde Vertiefungen, die eine Acht bilden.

31 Beliebte Freizeitbeschäftigung im gut zugänglichen Royal National Park ist das Brandungsfischen. Die Felsküste ist fischreich, und gute Fänge – etwas Erfahrung vorausgesetzt – können garantiert werden.

32 | 33

34 ▷

32/33 Zwei Aspekte des etwa 30 Kilometer langen Coast Walk im Royal National Park: Der Strand von Burning Palms bietet die letzte Möglichkeit eines erfrischenden Bades im Meer, bevor der schweißtreibende Aufstieg zum Kamm der Garawarra Ridge beginnt. Verkohlte Banksia-Büsche begleiten an manchen Abschnitten der Zweitagewanderung den Trekker, mahnende Zeugen des verheerenden Buschfeuers im Januar 1994.

34 Zahllose Gezeitenbecken entlang der Felsküste des Royal National Parks – hier südlich des Strandes von Burning Palms – bieten Einblicke in das Leben in der Brandungszone. Tange, Seeanemonen, zahlreiche Fische und Krabben stellen nur einen Teil des reichhaltigen Lebens in den Felsbassins dar.

35 Einen der wildesten Küstenabschnitte des Royal National Parks bilden die Klippen bei Curracurrong. Im Vordergrund rauscht das Wasser des Curracurrong Creek über die Sandsteinfelsen ins Meer. Beim Annähern an die ungeschützten Steilabstürze ist jedoch größte Vorsicht geboten.

36 Mit einer ungewohnten Landschaft im Norden des Schutzgebietes überrascht der Mt. Kosciusko National Park. In dem verkarsteten Kalksteingebiet entspringt an den Quelltöpfen der Blue Waterholes der Cave Creek, um anschließend durch einen großartigen Canyon zu fließen.

37 Frühsommer ist die beste Zeit für Wanderungen entlang der Hauptkette der Snowy Mountains. Dann überziehen Wildblumen die sanften Matten. Eine der farbbestimmenden Pflanzen ist der gelbblühende Common Billy Button (Craspedia glauca).

◁ 35

36 | 37

Australiens wurde 1949 gestartet und umfaßte die Ableitung von fünf Flüssen, verbunden mit der Anlage von 145 Kilometern Tunnel, 130 Kilometern Aquädukte, 1600 Kilometern Straßen, 17 großen und zahlreichen kleineren Staudämmen sowie der Errichtung ganzer Orte und Arbeitslager innerhalb und außerhalb des Nationalparks. Ein Teil der Stauseen liegt heute innerhalb der Parkgrenzen.

Damit nicht genug: Innerhalb des Parks haben sich einige der bekanntesten Skigebiete Australiens etabliert. Jedes Jahr strömen die wintersportbegeisterten Australier vor allem aus der Millionenstadt Sydney nach *Thredbo*, *Perisher Valley* oder *Smiggin Holes*. Trotzdem haben weite Gebiete des riesigen Nationalparks ihr ursprüngliches Gesicht bewahren können und sind nach wie vor unberührte Wildnis.

Im Park unterwegs

Die meisten Besucher fahren über das Städtchen *Jindabyne* in den Park hinein. Hier, im Südteil des riesigen Schutzgebietes, wartet auch die größte Attraktion auf die Besucher: die Hauptkette der Snowy Mountains mit ihrem Kumulationspunkt *Mt. Kosciusko*. Wer lange Wanderungen scheut und trotzdem einen Blick auf den höchsten Berg des Kontinents werfen will, fährt am besten von Jindabyne über *Sawpit Creek* (Ranger Station und *Visitor Centre*) zum *Charlotte Pass* hinauf. Von hier zeigt sich Australiens höchster Berg als weiche, unscheinbare Kuppe. Am Paß (etwas unterhalb liegt ein kleines Skigebiet) starten auch der *Main Range Walk*, der schönste, aber auch längste Zustieg zum Gipfel, und die acht Kilometer lange *Mt. Kosciusko Summit Road*, eine für den Autoverkehr geschlossene Schotterstraße. Sie stellt eine kürzere Alternative für die weniger Energetischen dar.

Die verschiedenen Landschafts- und Vegetationszonen des Parks, mit Ausnahme der Hochlagen, erlebt man auf dem 200 Kilometer langen *Alpine Way* von *Jindabyne* über *Thredbo* und *Khancoban* nach *Kiandra*. Thredbo ist das Zentrum des Skibetriebs und der einzige größere Ort in den Snowy Mountains. Dementsprechend stark ist das Ortsbild von Hotels und Chalets geprägt. Von hier führt auch der beliebteste Anstieg auf den Mt. Kosciusko. Erst mit einem *Sessellift* und dann auf einem Weg aus Eisenrosten, der zum Schutz der erosionsempfindlichen Matten angelegt wurde, pilgern jährliche Tausende auf das Dach Australiens.

Eine andere Möglichkeit, in den Park zu gelangen, bietet der *Snowy Mountain Highway*. Die Straße führt von *Tumut* über *Kiandra* diagonal durch den nördlichen Abschnitt des Parks nach *Adaminaby*. Auf dem Weg nach Kiandra ist ein Abstecher zu den prachtvoll gelegenen *Yarangobilly Caves* zu empfehlen. Mehrere Höhlen können im Rahmen von Führungen besucht werden.

Trekking

Im Sommer lockt der großartige Nationalpark vor allem erfahrene »bushwalker«, wie sich die Wanderer in Australien nennen. Sie finden im Kosciusko ihren ganz persönlichen Trekkinghimmel. Der sichere Umgang mit Kompaß und Karte sowie eine vollständige Trekkingausrüstung sind für Exkursionen in die Wildnis des Parks unabdingbar.

38 Um die empfindliche alpine Vegetation zu schützen und um Erosion zu verhindern, sah sich die Nationalpark-Verwaltung gezwungen, große Strecken des überaus beliebten Anstieges zum Mt. Kosciusko, dem höchsten Berg des australischen Kontinents, mit Gitterstegen zu befestigen.

Victoria

Der zweitkleinste Bundesstaat Australiens ist gleichzeitig mit der zweithöchsten Bevölkerungszahl aller Bundesstaaten der am dichtesten besiedelte. Allein im Großraum Melbourne leben an die drei Millionen Menschen. Damit ist Melbourne nach Sydney die zweitgrößte Stadt Australiens.

Den kleinen Bundesstaat – mit 227 600 Quadratkilometern umfaßt er gerade drei Prozent der Gesamtfläche Australiens – nun aber als zweitklassig abzutun, wäre vermessen. Wirtschaftlich spielt Victoria innerhalb des Staatengefüges Australiens eine wichtige Rolle. Sein Reichtum basiert vor allem auf den enormen Braunkohlevorkommen im Latrobe Valley, deren Umfang auf 52 000 Megatonnen geschätzt werden. Bezogen auf die Landesfläche hat Victoria aber auch bei den landwirtschaftlichen Produkten die Nase vorn.

40 | 41

42 ▷

43 | 44

45 ▷

Vorhergehende Abbildungen:

39 »The Monolith« im Mt. Buffalo National Park ist nur einer der vielen Granitmonumente, die das Bild des gebirgigen Schutzgebiets prägen.

40 Von den verschiedenen Aussichtspunkten des Mt. Buffalo Plateaus geht der Blick hinüber zu den Victorian Alps.

41 Höchster Gipfel des Mt. Buffalo National Parks ist »The Horn« am Südende des Hochplateaus.

42 Besonders von Kletterern geschätzt wird die aus himmelwärts strebenden Granitsäulen aufgebaute »Cathedral«. Den schönsten Blick auf diesen formschönen Gipfel hat man von »The Hump«, dem gegenüberliegenden, durch einen Pfad erschlossenen Berg.

43/44 Die wilde Seite der Küste des Wilsons Promontory National Parks ist eine eindrucksvolle Kombination aus weit in das Meer hinausragenden Halbinseln, versteckten Stränden und riesigen Felsblöcken – wie das doppelstöckige Granitmonument, das über die weit geschwungene Whisky Bay wacht (43), oder der Pillar Point (44).

45 Mächtige Wellen rennen nach einer abziehenden Kaltfront gegen die Granitgestade des Wilsons Promontory National Parks an.

46 Zeugnisse einer vergangenen Aborigines-Kultur bilden die Muschelhaufen; sogenannte »middens«, an der Küste des Wilsons Promontory National Parks. Muscheln und Krustentiere bildeten den Hauptteil der Nahrung der hier lebenden Ureinwohner. Die ungenießbaren Schalen häuften sich im Lauf der Zeit an den Eßplätzen an.

47 Entlang des Tidal Rivers im Lilly Pilly Gully zeigt sich der Wilsons Promontory National Park von einer ganz anderen Seite. Baumfarne und Lilly-Pilly-Bäume prägen dort die subtropisch anmutende Vegetation.

46 | 47

48 Einer der auffälligsten Vögel im Wilsons Promontory Park ist der prächtig gefärbte Crimson Rosella, eine Sittichart. Die Vögel sind an die Anwesenheit der Menschen gewöhnt und zeigen oft wenig Scheu.

49 Die Schönheit der australischen Nationalparks zeigt sich sehr oft auch im Detail. Dieser strahlende Farbtupfer, die Jugendblätter eines Eukalyptus, wurden im Mt. Buffalo National Park entdeckt.

Rund um die »lebenswerteste Stadt der Welt«

Trotz seiner geringen Größe zeigt sich Victoria erstaunlich abwechslungsreich, das geografische Spektrum ist weit gefächert. Seine größten Höhen erreicht der Bundesstaat am Mt. Bogong (1986 m) und am Mt. Feathertop (1922 m) in der Great Dividing Range. Die Schönheit der Victorian Alps, wie dieser Teil des Gebirges auch genannt wird, kann sich mit der der Snowy Mountains durchaus messen. Ein weiterer geografischer Großraum ist das Becken des Murray Rivers, Australiens mächtigster Fluß. Über 1200 Kilometer lang ist die an Naturschönheiten überreiche Küste Victorias. Angesichts dieser geografischen Vielfalt erstaunt es nicht, daß Victoria einige der wichtigsten Nationalparks Australiens innerhalb seiner Grenzen beherbergt. Über dreißig Schutzgebiete weisen den Status eines *Nationalparks* auf und umfassen zusammen mit knapp fünfzig *Wilderness State Parks* ein Zehntel der Landesfläche. So unterschiedlich die Geografie des Landes, so unterschiedlich präsentieren sich auch die Parks. Hochgelegenes Bergland mit Schnee im Winter prägt den Alpine National Park und den Mt. Buffalo National Park. Trocken und halbwüstenartig präsentieren sich die Parks im Nordwesten. Gemäßigte *Regenwälder* – etwa im Errinundra National Park oder im Otway National Park – gehören ebenso zum Naturspektrum wie wilde und spektakuläre Küstenparks. Einer der bekanntesten ist sicher der Port Campbell National Park, einer der außergewöhnlichsten der Croajingalong National Park. Praktisch alle Schutzgebiete können von der Stadt Melbourne, die 1990 zur »lebenswertesten Stadt der Welt« geadelt wurde, innerhalb eines Tages erreicht werden.

Mount Buffalo National Park

Die Granitbastion

Als die Forscher *Hamilton Hume* und *William Hovell* im Jahre 1824 auf ihrer beschwerlichen Fußreise von Sydney zur *Port Philipp Bay* durch das nördliche Victoria zogen, entdeckten sie in der Ferne einen hohen, schneebedeckten Gebirgsstock. Die Umrisse des geheimnisvollen Massivs erinnerten sie an die Gestalt eines Büffels, und so nannten sie den unbekannten Berg schlicht Mt. Buffalo. Das alleinstehende, auf allen Seiten von dicht bewaldeten Steilabbrüchen und Wandabstürzen umgebene Massiv mit seinem Hochplateau von elf mal sieben Kilometern Ausdehnung überragt die umliegenden Ebenen um gut 1000 Meter. Aufgebaut ist der Bergstock, der zu den Victorian Alps gezählt wird und zu seiner Gänze als Mt. Buffalo National Park geschützt ist, aus Granit.

Entstehung

Der Grundstock für das Granitmassiv des Mt. Buffalo wurde gelegt, als vor etwa 300 Millionen Jahren geschmolzenes Gestein aus dem Erdinneren unter die mächtigen Sedimentschichten der Region gedrückt wurde und dort langsam abkühlte. Im Laufe der Jahrmillionen wurden die Sedimentschichten langsam abgetragen, und schließlich blieb nur noch der widerstandsfähige

50 An den Eurobin Falls in den Tieflagen des Mt. Buffalo National Parks rauscht das Wasser des Eurobin Creek über glattpolierte Granitplatten und schafft ein kleines Naturwunder abseits des Besucherstroms.

Information

Anreise: Melbourne, das internationale Tor Victorias, wird täglich von einer ganzen Reihe von Fluglinien von Deutschland aus angeflogen. Von hier aus sind Flugverbindungen zu allen wichtigen Städten Australiens möglich.
Unterkunft: Als weltoffene Kulturstadt bietet Melbourne eine kaum noch zu überschauende Vielfalt an Übernachtungsmöglichkeiten, die die gesamte Palette von »First Class« bis »preisgünstig« umfaßt. Nobel ausgestattet und zentral gelegen sind zum Beispiel das Menzies at Rialto (Tel. 03/6209111) und das Chateau Melbourne (Tel. 03/6633161). Im mittleren Preisbereich rangieren das Astoria City Travel Inn (Tel. 03/6706801) oder das City Square Motel (Tel. 03/6547011). Günstige Unterkünfte bieten viele nicht klassifizierte Hotels im Stadtkern und den Vororten.

Granitkern übrig. Die verwitterten Sedimente bilden heute die weiten Ebenen dieses Teils von Victoria. Die phantastischen Granitkugeln, -türme und -burgen, die dem Park einen ganz eigenen Charakter verleihen, entstanden ebenfalls durch Erosion.

Im Park unterwegs

Touristische Lebensader des Nationalparks ist die gut ausgebaute Teerstraße, die von dem Örtchen Porepunkah aus in weiten Kehren die Steilstufe des Massivs überwindet und das Plateau auf seiner ganzen Länge durchquert. Als Nature Drive kann man mit Hilfe einer Broschüre die Sehenswürdigkeiten auf dem Weg zur Hochfläche »erfahren«. Kurz nach dem Parkeingang lohnt ein kurzer Abstecher zu den hübschen Eurobin Falls, wo das Wasser des Eurobin Creek über eine glatte Granitwand rauscht. Wenige Kilometer weiter, etwa auf halber Höhe des Aufstiegs, leitet ein kurzer Wanderweg zu den Rollasons Falls hinunter. Während der Fahrt zum Plateau bietet sich gute Gelegenheit, die Änderungen in der artenreichen Vegetation des Parks zu beobachten. Bei The Gap schließlich ist die Hochfläche erreicht. Der Wald tritt zurück und macht einer weiten, sumpfigen Wiesenfläche, der Hospice Plain, Platz. Hier zweigt nun der Zubringer zum Mt. Buffalo Chalet ab, einem altehrwürdigen Gästehaus, das an ein Grand Hotel erinnert. Einzigartig ist die Lage des Chalets. Es steht unmittelbar am größten Wandabsturz des Parks, nur durch die Straße und einen schmalen Waldstreifen von diesem getrennt. The Gorge wird dieser beeindruckende Abschnitt genannt, der auf dem Gorge Nature Walk erkundet werden kann. Zahlreiche Aussichtspunkte direkt an der Kante geben den Blick auf die Bergketten der Victorian Alps und auf das tief unter dem Betrachter liegende fruchtbare Tal des Ovens Rivers frei. Die Granitwände und -pfeiler um den Wasserfall des Cristal Brooks gelten als eines der besten und anspruchsvollsten Klettergebiete Australiens – mit Wandhöhen bis zu 300 Metern. Von den Klippen starten Drachenflieger, in Kursen kann man Abseilen lernen. Mehrere lohnende Wanderwege nehmen beim *Chalet* ihren Anfang und haben zum Beispiel den riesigen freistehenden Granitblock The Monolith, den Underground River – auf mehreren hundert Metern fließt der Eurobin Creek in der Haunted borge unterirdisch und kann auf einer geführten Tour erkundet werden – sowie den View Point Nature Walk als Ziel. Eine informative Broschüre gibt für diesen Naturlehrpfad Einblicke in die komplexe Ökologie des Plateaus.

Zurück auf der Hauptstraße ist der erste Anlaufpunkt die Ranger Station mit einem kleinen Informationszentrum. Einen ganz anderen landschaftlichen Aspekt bietet der malerische Lake Catani. An dem tiefblauen See, der im Sommer zum Baden und Schwimmen lockt, liegt der einzige Campingplatz des Parks. Nun beginnt die Straße in zahlreichen Kurven anzusteigen, und immer wieder führen kurze Wanderwege zu Sehenswürdigkeiten. Lohnend ist vor allem die Besteigung von The Hump. Von seinem Gipfel hat man einen herrlichen Blick auf die Felszinnen von The Cathedral, einer der bekanntesten Felsformationen im Park. Gute Kletterer finden an den Granitpfeilern ihre Herausforderung. Schließlich ist das Tatra Inn mit dem kleinen Skigebiet erreicht. Hier endet die Teerstraße; jedoch führt eine Schotterpiste noch einige Kilometer weiter zum Ausgangspunkt für die Besteigung von The Horn, der mit 1723 Metern höchsten Erhebung des Massivs. Besonders zur Zeit des Sonnenuntergangs ist die Aussicht von dem exponierten Felsgipfel grandios.

Information

Auskünfte: Mt. Buffalo National Park, Park Road, Mt. Buffalo, VIC 3745, Tel. 057/551466.
Reisezeit: Der Park ist das ganze Jahr über geöffnet. Als beste Monate für einen Besuch gelten November bis April. Dann ist es tagsüber warm, mit kühlen Nächten. Plötzliche Wetterwechsel mit Kälteeinbrüchen können auch im Sommer auftreten. Im Winter schneit es in den Hochlagen des Parks regelmäßig.
Unterkünfte: Stilvoll untergebracht ist man im Mt. Buffalo Chalet, Tel. 075/551500. Seit kurzem auch im Sommer geöffnet ist das Tatra Inn, das eine preisgünstige Alternative zum Chalet bildet (Tel. 057/551988). Die nahegelegen Orte Porepunkah, Bright und Myrtleford bieten eine ganze Reihe von Übernachtungsmöglichkeiten. Informationen bei The Bright and Ovens Tourist Association, Tel. 057/552275.
Camping: Einziger Zeltplatz im Park ist der wunderschön gelegene Lake Catani Camping Ground, Tel. 057/551577. In Bright und Myrtleford gibt es Caravan Parks.
Aktivitäten: Kaum ein Park in Victoria bietet so viele Möglichkeiten wie der Mt. Buffalo National Park. Neben wandern kann man im Park reiten, radfahren, Drachenfliegen, klettern, schwimmen und Kanu fahren. Pferde können am Chalet gemietet werden. Im Winter sind Skifahren und Cross Country Skiing populär.
Touren: Geführte Reitausflüge, Fotokurse, Abseilkurse und die Exkursion zum Underground River werden vom Mt. Buffalo Chalet aus angeboten, Tel. 075/551500.

Wilsons Promontory National Park

Eckstein des Kontinents

Am südlichsten Punkt des australischen Kontinents scheint die Natur noch einmal all ihre Kräfte zu einem

51 Eine Aussichtswarte par excellence bildet der Gipfel des Mt. Oberon. Von dem Kulminationspunkt des Wilsons Promontory National Parks überblickt man weite Bereiche des Schutzgebiets, ein Augenschmaus, besonders zur Stunde des Sonnenuntergangs.

52 »The Gorge« nennt sich das hufeisenförmige, von senkrechten Granitwänden gebildete Amphitheater unterhalb des altehrwürdigen Hotels »The Chalet« im Mt. Buffalo National Park. Die Wandfluchten des Bergmassivs bieten ein einzigartiges Revier für extreme Kletterer. Manche Routen erreichen mit Wandhöhen von über 300 Metern nahezu alpine Dimensionen.

51 | 52

53 | 54

»grande finale« zu vereinigen. Nur rnoch gut 200 Kilometer von der Insel Tasmanien entfernt ragt hier die gebirgige Halbinsel des *Wilsons Promontory* trotzig in die rauhe *Bass Strait* – ein oft sturmumtostes Granitgebirge mit wilden Felsgestaden, herrlichen Stränden, versteckten Traumbuchten, dichten Wäldern und einer artenreichen Fauna. Vor diesem Felsfinger liegen, wie von großzügiger Hand ausgestreut, eine Reihe von Inseln. Dieses prachtvolle Landschaftsensemble ist als *Wilsons Promontory National Park* geschützt, die umliegenden Gewässer mit den Inseln als *Marine Park*.

Geologisch bilden die Berge und Inseln des Parks den ertrunkenen Teil eines Granitgebirges, das einst das Festland mit Tasmanien verband. Seit dem Anstieg des Meeresspiegels nach der letzten Eiszeit ragen nur noch die Gipfel des Gebirgszugs aus dem Wasser.

Die relative Nähe zur Millionenstadt *Melbourne* – 230 Kilometer sind für australische Verhältnisse ein Katzensprung – machen den Wilsons Promontory National Park zu einem bevorzugten Wochenendziel für die Melbournesen, und dieser Park führt – gemessen an den Besucherzahlen – die Beliebtheitsskala der Nationalparks in Victoria an. Gut ausgebaute und markierte Wanderwege erschließen alle Landschaftsaspekte des »Prom«, wie der Nationalpark in Victoria kurz genannt wird. Der gehfreudige Besucher hat dabei die Wahl zwischen kurzen Spaziergängen und ausgiebigen Tagestouren bis hin zu mehrtägigen Trekkings.

Die Wilsons Promontory Road

Die Zufahrt von Melbourne zum Park erfolgt über den *South Gippsland Highway* bis zum Städtchen *Meeniyan* und von dort über die Straße 189 zum einzigen Parkeingang (*Yanakie Entrance*) kurz hinter der kleinen Ortschaft *Yanakie*.

Die 32 Kilometer lange *Wilsons Promontory Road* vom Parkeingang nach *Tidal River*, dem touristischen Nervenzentrum des Reservats, gibt einen wunderschönen Überblick über die Landschaften und Besonderheiten des »Prom«. Die ersten Kilometer führen über den *Yanakie Isthmus*, der im hinteren Teil von einer weiten Wiesenebene geprägt wird. Eingerahmt wird die an die afrikanische Savanne erinnernde Ebene in der Ferne von den blaugrünen Bergen der *Voraker Range*.

Der flache *Yanakie Isthmus*, eine aus Sand aufgebaute Landbrücke, verbindet das »Prom« mit dem Festland, das nach dem Ende der letzten Eiszeit, bedingt durch das Ansteigen des Wasserspiegels, eine gebirgige Insel bildet. Nach und nach lagerte sich dann Sand ab, bis schließlich eine Verbindung zum Festland zustande kam.

Begrenzt wird die Grasfläche von einem Höhenzug, den die Straße nun überwindet. Kurz danach überquert man den *Darby River*, einen dunklen, stillen, von Schilf eingerahmten Fluß, der sich knapp einen Kilometer weiter ins Meer ergießt. Ein kurzer Wanderweg führt von hier zum *Darby Beach*. Wo heute ein beliebter Picknick-Platz ist, stand früher das berühmte *Darby River Chalet*. 1910 als kleine Hütte gegründet, wurde es später erweitert und war bis zum Zweiten Weltkrieg ein beliebter Treffpunkt für Liebhaber des »Prom«. Nach dem Krieg wurde der Bau abgerissen.

Nun beginnt der gebirgige Teil des Parks, und die Straße steigt in weiten Kurven zum *Darby Sattel*, Ausgangspunkt einer Wanderung zum *Tongue Point*, einer weit ins Meer hinausragenden Halbinsel mit großartigen Granitfelsen an ihrer Spitze. Der Straßenabstieg vom Sattel wird versüßt durch überraschende und spektakuläre Blicke auf die wilde Küste, das türkisfarbene Meer und die vorgelagerte Felsinsel. Ein kurzer Abstecher etwa einen Kilometer nach dem Sattel führt hinunter zur herrlich gelegenen *Whisky Bay* mit ihrem weißen Sandstrand.

Von hier an reiht sich eine Traumbucht an die andere, getrennt durch felsige Landzungen. *Picnic Bay* und *Leonhard Bay* mit dem *Squeaky Beach*, benannt nach dem quietschenden Geräusch, das beim Gehen in dem feinen Quarzsand zu hören ist, sind nur zu Fuß zu erreichen. Ins Blickfeld kommt jetzt der *Mt. Bishop* (319 m), ein hervorragender, durch einen einfachen Weg erschlossener Aussichtsberg. Zu seinen Füßen gibt eine der beliebtesten

53 Die von Granitfelsen eingerahmte Sandbucht der Whisky Bay im Wilsons Promontory National Park wird von angehenden Surfern als Übungsrevier geschätzt.

54 Nur in einer strammen Tagestour – oder im Rahmen einer gemütlichen Zweitagetour – ist der weite Sandbogen des einsamen Sealers Cove im Wilsons Promontory National Park zu erreichen.

Information

Auskünfte: Informationen über den Park bekommt man am Parkeingang und im Visitor Centre. Ranger in Charge, Wilsons Promontory National Park, Tidal River via Foster, Vic. 3960, Tel. 056/809555.
Reisezeit: Der Park ist ganzjährig geöffnet. Zu Weihnachten, Ostern sowie an den Labour-Day- und Melbourne-Cup-Wochenenden ist der Park überfüllt. Als beste Reisezeit gelten der Frühling und der Herbst.
Unterkünfte: Die Ortschaft Tidal River im Nationalpark bietet eine ganze Reihe von Unterkunftsmöglichkeiten: Appartements und Hütten (2–6 Personen, Tel. 056/809500) und Motor Hus (4–6 Personen, Tel. 056/809555). Auskünfte gibt die South Gippsland Tourism Association, Tel. 056/552233.
Camping: Die Tidal River Camping Area hat 500 Plätze. Trotzdem sind Reservierungen mehrere Monate im voraus vor allem für die Stoßzeiten notwendig (Tel. 056/809555). Bei großem Andrang werden die verfügbaren Plätze verlost. Für die nur zu Fuß erreichbaren Zeltplätze im Park benötigt man ein Permit.
Aktivitäten: Wandern, Surfen, Schwimmen, Tauchen, Fischen. Da die Gewässer um den Nationalpark als Marine Park unter Schutz stehen, empfiehlt es sich, Informationen zum Tauchen, Schnorcheln und Fischen im Tidal River Information Centre, Tel. 056/809555, einzuholen.

Wanderstrecken im Park, der *Lilly Pilly Gully Nature Walk*, eine Einführung in die abwechslungsreiche Vegetation des Nationalparks. Schließlich erreicht man *Tidal River* an der *Norman Bay*. Hier befindet sich die Hauptverwaltung des Reservats; das *Visitor Centre*, ein kleiner Supermarkt mit Imbiß, Tankstelle und öffentlichem Telefon, versorgt die Besucher, die hier die einzige Übernachtungsmöglichkeit im Park finden. Der breite, weitläufige *Norman Beach* ist der Hausstrand des in Ferienzeiten regelmäßig überfüllten Ortes.

Vor der Abzweigung nach Tidal River führt die Wilsons Promontory Road nach einigen kurvenreichen Kilometern zum *Telegraph Saddle*. Vom Sattel ist der Granitgipfel des *Mt. Oberon* (558 m) auf einem breiten Forstweg in etwa einer Stunde zu erreichen. Dort liegt dem Besucher dann der »Prom« in seiner ganzen Schönheit zu Füßen.

Am Telegraph Saddle beginnt eine mehrtägige Wanderung, die mit *Sealers Cove, Refuge Cove, Waterloo Bay, Oberon Bay* und *Norman Bay* eine Reihe der schönsten Buchten und Strände verbindet. Die Anzahl der Trekker wird durch die Vergabe von Permits begrenzt, so daß man sein Fleckchen vom Paradies hier ungestört genießen kann. Noch ruhiger ist der abgelegene Nordteil des Parks: *Five Mile Beach, Chinaman Long Beach* und *Tin Mine Cove* sind nur durch lange Wanderungen erreichbar.

Grampians National Park

Zeitlose Schönheit

Seit das Gebiet der *Grampians* 1984 zum Nationalpark erklärt wurde, kann sich der kleine Bundesstaat Victoria mit einem der eindrucksvollsten und beliebtesten Nationalparks Australiens schmücken. Geografisch wird das wild zerklüftete *Sandsteingebirge* – obwohl keine unmittelbare Verbindung besteht – zur *Great Dividing Range* gezählt. Wie eine Insel erhebt sich aus den endlosen, landwirtschaftlich intensiv genutzten Ebenen West-Victorias ein Gebirge aus mehreren parallel verlaufenden Bergketten. Die meisten der verwitterten, exakt in Nord-Süd-Richtung verlaufenden Gebirgszüge brechen ostseitig abrupt in imposanten Wandabstürzen ab, während die Westseite sanft geneigte Hänge aufweist.

Die Natur des Parks

Bereits vor der Einrichtung des Nationalparks erfreuten sich die Grampians bei der Bevölkerung großer Beliebtheit. Die Weide- und Holzwirtschaft wurde bereits früh eingeschränkt, große Teile des Gebirges zum *Grampian State Forest* erklärt. So konnten umfangreiche Gebiete praktisch im unberührten Zustand in den *Grampians National Park* eingebracht werden. Neben der abwechslungsreichen und reizvollen Landschaft sorgten vor allem die reiche Vegetation und das interessante Tierleben dafür, daß die Grampians geschützt wurden. Immerhin ein Drittel aller Pflanzen Victorias, also nahezu 900 Blütenpflanzen, darunter etwa einhundert verschiedene Orchideen, gedeihen im Park. Neben zahlreichen endemischen Arten fand man in den Grampians Pflanzen, die sonst nur noch in weit entfernten Gebieten wie etwa Tasmanien oder Westaustralien vorkommen. Dazwischen aber treten sie nicht auf. Eine *Küsten-Banksia*, deren Standort versteckt hoch in den Felsen liegt, erreicht das Ende ihres Verbreitungsgebietes eigentlich mit der *Port Philipp Bay* bei Melbourne und das überraschende Vorkommen dieser Küstenpflanze wird von Wissenschaftlern als Beweis dafür angesehen, daß das Meer einst bis zu den rötlichgelben Felswänden der Grampians reichte.

Auch für Vogelkundler tut sich in den Grampians ein Paradies auf. Über 200 Vogelarten wurden aufgelistet, darunter die frechen *Kookaburras*, die farbenprächtigen *Crimson Rosellas* und *Galahs*, die *Yellow-tailed Black Cockatoos* mit ihrem charakteristischen Krächzen, *Emus, Reiher, Kormorane, Ibisse* und *Weißbauch-Seeadler*. Auch die Säugetiere sind reich vertreten.

Im Park unterwegs

Touristisches Zentrum des Parks ist *Halls Gap*. Der bekannte Ort bildet für die meisten Besucher den ersten Anlaufpunkt. Nicht ganz drei Kilometer südlich des Ortes, zu erreichen über die *Grampians Road*, wartet das sehenswerte *National Park Visitor Centre* auf interessierte Besucher. Nur zwei Gehminuten vom Visitor Centre entfernt präsentiert sich eine ganz besondere Attraktion: das *Brumbuk Living Cultural Centre*. Hier kann man eintauchen in die bewegte Geschichte und das Leben der *Kooris*, wie sich die Aborigines hier selbst nennen. Das Zentrum ist als Begegnungsstätte der Kulturen gedacht und ist gleichzeitig Ausdruck des wiedererwachten Selbstbewußtseins der Ureinwohner Australiens. Das außergewöhnliche Design des Gebäudes, geschaffen von dem Architekten *Greg Burgess*, wurde mit einer ganzen Reihe von wichtigen Architekturpreisen ausgezeichnet.

55 Victorias Südküste findet ihren dramatischen Höhepunkt im Port Campbell National Park. Die grandiose, oft sturmumtoste Steilküste unterliegt ständigen Veränderungen und fasziniert mit großartigen Naturmonumenten. Im Bild zwei der »Zwölf Apostel«.

Folgende Abbildungen:

56 Um den Sonnenaufgang von der exponierten Schaukanzel »The Pinnacle« erleben zu können, muß man noch bei Dunkelheit losmarschieren. An klaren Morgen wird man dafür mit einem farbenprächtigen Schauspiel belohnt.

57 Aus weiten, landwirtschaftlich genutzten Ebenen, deren Monotonie nur durch vereinzelte Eukalyptusbäume unterbrochen wird, ragen die beiden südlichsten Gipfel der Grampians auf: der Mt. Sturgeon und der Mt. Abrupt.

58 Schwindelfrei müssen Besucher schon sein, wenn sie sich auf die waagrecht herausragenden Sandsteinplatten der »Balconies« im Grampian National Park wagen. Ein kurzer Wanderberg führt zu diesem beliebten Aussichtspunkt.

56 | 57

58 ▷

59 | 60

Ausgestattet mit einer Fülle von Informationen kann man sich nun auf Entdeckungstour in dem 167000 Hektar großen Park begeben. Eine der meistgeschätzten Regionen liegt ganz nahe an Halls Gap: die *Wonderland Range*. Eindrucksvolle Felsformationen, großartige Aussichtspunkte, Schluchten, Wasserfälle und eine besonders vielfältige Vegetation rechtfertigen die Beliebtheit. Die Schönheiten der Wonderland Range können nur zu Fuß erkundet werden. Bester Ausgangspunkt für die Exkursionen ist der *Wonderland Turntable*, den man von Halls Gap aus bequem über die bestens ausgebaute *Mt. Victory Road* und eine kurze Stichstraße erreicht. Die wohl interessanteste, aber stellenweise anstrengende Wanderung führt von hier durch den *Grand Canyon*, eine tief in den Sandstein eingeschnittene Schlucht, und den engen Felsspalt der *Silent Street* zu *The Pinnacle*, einem äußerst exponierten, aber mit einem Geländer gesicherten Felssporn an der Absturzkante des Gebirgszuges. Von dort oben liegt dem Betrachter das *Tal von Halls Gap* zu Füßen, der Blick reicht zum aufgestauten *Lake Bellfield* und über die Ausläufer der *Mt. William Range* hinaus in die im Hitzedunst flirrende Ebene. Kürzer und weit weniger anstrengend ist die luftige Aussichtswarte vom *Sundial Turntable* aus zu erreichen.

Die *Mt. Victory Road* bildet den Zugang zu zwei weiteren Attraktionen: *Reid Lookout* und *The Balconies*. Reid Lookout, an der Kante der *Mt. Victory Range*, überblickt das weite, dicht bewaldete *Victoria Valley* bis hin zur fernen *Victoria Range*. Eine ständig besetzte Feuerbeobachtungsstation am Rande des Wandabbruchs nützt den grandiosen Panoramablick.

Nur einen guten Kilometer entfernt davon ziehen waagrecht über den steilen Waldhang hinausragende Sandsteinplatten, *The Balconies*, den Besucher in ihren Bann.

Während des Abstechers zum *Lake Wartook* wartet der Park noch mit einer anderen Überraschung auf: die malerischen *MacKenzie Falls*, eine Serie von imponierenden Wasserfällen. Geologisch bilden diese Felsstufen eine Besonderheit, handelt es sich hier doch nicht um Sandstein, sondern um einen alten Eruptivgang aus tiefschwarzem Basalt. Beliebtes Ausflugsziel entlang der *Mt. Victory Road* ist der Picknickplatz *Zumstein* am *MacKenzie River*, berühmt-berüchtigt für seine *Kängu-ruhs*, die beim Betteln ganz schön aufdringlich werden können.

Etwas abseits des Hauptgeschehens liegt das nördliche Ende des Parks – zu Unrecht. Vor allem das wilde Felschaos des *Mt. Stapylton* und des bemerkenswerten *Hollow Mountains* kann man ohne Gewissensbisse zu den herausragendsten Gebieten des Parks zählen. Die zerklüftete Felswelt ist allerdings allein erfahrenen Wanderern und Kletterern vorbehalten. Als letzter Vorposten des Gebirges garantiert der alleinstehende *Mt. Zero* grandiose Weit- und Panoramablicke. Seine Besteigung ist einfach. Erreicht wird der Norden der Grampians von Halls Gap aus auf der ungeteerten, stellenweise recht ruppigen *Mt. Zero Road*.

Mit Schotterstraßen vorliebnehmen muß man auch, wenn man zwei der schönsten und interessantesten *Aboriginal-Felsmalereien* im äußersten Westen des Parks besichtigen will. *Billimina (Glenisla shelter)* und *Manja (Cave of Hands)* liegen in den westlichen Abhängen der Victoria Range.

Von Halls Gap aus führt die *Grampians Road*, später *Mt. Abrupt Road*, parallel zur vielzackigen *Sierra Range* nach Süden. Endpunkt der Straße ist der bereits außerhalb des Parks liegende Ort *Dunkeld*, »The Southern Gateway to the Grampians«. Auf dem Weg dorthin hat man die Möglichkeit über die *Mt. William Road* dem *Mt. William* – mit 1167 Metern der höchste Berg der Grampians – nahezukommen. Das letzte Stück zum Gipfel ist für Autos gesperrt, verlangt aber vom Fußgänger auch keine Großtaten mehr. In weiten Kurven führt eine breite Schotterstraße zur mit Antennen, Masten und Gebäuden »geschmückten« Bergspitze. Sie beeinträchtigen jedoch den Augenschmaus vom Gipfel nicht. Der Blick schweift über das weite und dicht bewaldete *Major Mitchel Plateau* südlich des Gipfels und bleibt an der zerklüfteten *Sierra Range* im Osten hängen.

Eine lohnende Wanderung im Süden führt auf den prachtvolle Ausblicke gewährenden Gipfel des *Mount Abrupt*, der – nomen est omen – ganz plötzlich aus der Ebene wächst und mit einer beeindruckenden Steilflanke bewehrt ist.

59 Eine der schönsten Wanderregionen im Grampians National Park stellt das Gebiet der Wonderland Range dar. Die Wanderer im Bild befinden sich im Aufstieg zu »The Pinnacle«, einer luftigen Aussichtskanzel hoch über Halls Gap.

60 Das Umland des Moora Reservoirs im Zentrum des Grampians National Parks wird von sumpfigen Ebenen geprägt. Die Straßen in diesem Teil des Reservoirs sind ungeteert und streckenweise in schlechtem Zustand.

Information

Auskünfte: Grampians National Park, Halls Gap, Vic. 3381, Tel. 053/564381.
Reisezeit: Heiße Sommer und kalte Winter charakterisieren das Klima im Park. Die beste Zeit für einen Besuch ist das Frühjahr zur Wildblumenblüte oder der Herbst.
Unterkünfte: Zentrum des touristischen Geschehens im Park ist Halls Gap. Hier findet man verschiedenste Unterkunftsmöglichkeiten in Hotels, Motels und Cabins. Besonders empfehlenswert sind die Pioneer Cottages etwa 10 km außerhalb von Halls Gap, Tel.053/564402.
Camping: Gut ausgestattet ist der Halls Gap Lakeside Caravan Park, Tel. 053/564281. Mit allen sanitären Anlagen versehen ist auch der Campingplatz in der Zumstein Recreation Area, Tel. 053/836242, im Nationalpark.
Über den ganzen Park verstreut gibt es zusätzlich einfache Zeltplätze, die nur mit dem Nötigsten ausgestattet sind. Informationen über diese Zeltplätze bekommt man im Visitor Centre.
Aktivitäten: Wandern, Tierbeobachtungen, Klettern.

Südaustralien

Knapp drei Jahrzehnte nach der »Inbesitznahme« Australiens durch James Cook erforschte der Engländer Matthew Flinders im Rahmen seiner Expedition auch über mehrere Jahre die Südküste des »Fünften Kontinents«. Kein Wunder, daß nicht nur der bedeutendste Gebirgszug Südaustraliens, die rund 430 Kilometer langen Flinders Ranges mit dem 1165 Meter hohen St. Mary Peak, nach dem Pionier benannt ist, sondern auch zwei prominente Schutzgebiete dessen Namen tragen, der Flinders Ranges National Park auf dem Festland und der Flinders Chase National Park auf der vorgelagerten Kangaroo Island.
Umgekehrt verdankt ihm der »Fünfte Kontinent« seinen heutigen Namen, denn Flinders schlug für den bis dahin »Neuholland« genannten Erdteil den Namen »Australien« vor. Heute konzentriert sich die Bevölkerung Südaustraliens auf den Großraum der Hauptstadt Adelaide; das Hinterland mit seinen großen Salzseen ist fast menschenleer.

St Mary Peak
1170 metres

63 | 64

Das Land der großen Salzseen

Betrachtet man die Verteilung der Bevölkerung im Bundesstaat Südaustralien, bekommt man damit gleich einen guten Eindruck von der geografischen Struktur des Landes. Etwa siebzig Prozent der Einwohner leben in dem Großraum der Hauptstadt *Adelaide*, nur ein Prozent im Norden des Landes, der Rest verteilt sich auf die landwirtschaftlich nutzbaren Küstengebiete und die Eyre Peninsula. Geografisch ist Südaustralien dreigeteilt: zunächst in den wüsten- oder halbwüstenhaften Norden mit riesigen *Salzseen* einerseits und dem uralten Gebirgsstock der *Flinders Ranges* andererseits. Mehr Niederschläge bekommt der zweite Landschaftsgürtel, die sogenannten *»gulf lands«*. Damit ist die Region um den *Spencer Gulf* einschließlich der *Eyre Halbinsel* gemeint. Zu dieser Region gehören auch die Küstenebenen und die *Mt. Lofty Range*. Als dritte Zone gelten die Ebenen im Südosten. Landwirtschaftlicher Erfolg beruht hier auf Bewässerung. Die Hauptwasserquelle ist dabei der große *Murray River*.

Trotz der klimatischen Widrigkeiten zählt Südaustralien zu den führenden Staaten, was die landwirtschaftliche Produktion betrifft. Weizen, Gerste, Zitrusfrüchte, Wein und Trauben sind dabei die wichtigsten Erzeugnisse. Rohstoffe wie Eisen, Uran, Kupfer sowie Naturgas bilden eine weitere Stütze der Wirtschaft. Nicht zu vergessen ist auch die *Opalgewinnung* im weltbekannten *Coober Pedy*. Inzwischen hat sich Südaustralien von dem wirtschaftlichen Absturz in den siebziger Jahren wieder erholt, der zum Niedergang der weiterverarbeitenden Industrie geführt hatte. Vor allem der Schiffsbau, der Südaustralien in den vorangegangenen Jahren eine Periode wirtschaftlichen Wohlstands beschert hatte, war davon betroffen. *Adelaide, Port Augusta* und *Port Pirie* sind heute die Zentren einer wiedererstarkten weiterverarbeitenden Industrie.

Wie alle anderen australischen Staaten setzt auch Südaustralien zunehmend auf den Tourismus. Neben den Besucherhits *Kangaroo Island, Adelaide* und dem *Barossa Valley* hat Südaustralien viel Natur zu bieten. Allein in den Flinders Ranges haben sich drei interessante Nationalparks etabliert, der *Mt. Remarkable National Park*, der bekannte *Flinders Ranges National Park* und der abenteuerliche *Gammon Ranges National Park* im Norden des Gebirgszuges. Im Bereich der riesigen Salzseen sind einige Nationalparks und Schutzgebiete eingerichtet worden, die allerdings touristisch keine Rolle spielen. Einer der wichtigsten Nationalparks ist ohne Zweifel der *Flinders Chase National Park* auf *Kangaroo Island*, aber auch einige der Küstenparks sind populär.

Vorhergehende Abbildungen:

61 Die Hitze der Mittagsstunden verdöst dieser Koala in den Zweigen eines Eukalyptusbaumes nahe dem Besucherzentrum des Flinders Chase National Parks auf Kangaroo Island.

62 Ungehindert schweift der Blick vom Gipfel des St. Mary Peak, der höchsten Erhebung der Flinders Ranges, über die zeitlose Landschaft eines Gebirges im Endstadium. Von der einstigen Größe der Flinders Ranges, eines der ältesten Gebirge der Erde, ist nur noch das Skelett übriggeblieben.

63 An die Werke eines modernen Bildhauers erinnern manche der verwitterten Granitfelsen der »Remarable Rocks« im Flinders Chase National Park.

64 Landschaften im Westen der USA ähnelt dieses Bild, aufgenommen in der Ebene vor dem Bergsaum des Wilpena Pounds im Flinders Ranges National Park.

Information

Anreise: Der internationale Flughafen von Adelaide wird regelmäßig von zahlreichen Fluglinien angeflogen. Von hier bestehen gute Verbindungen zu allen australischen Städten.

Unterkunft: Als Einfallstor für Südaustralien und Ausgangs- bzw. Endpunkt vieler Touren im Land hat Adelaide eine umfangreiche Auswahl an Hotels, Motels und Pensionen. Die meisten Hotels höherer Kategorie sind im Zentrum angesiedelt, wie z.B. das ausgezeichnete Adelaide Hilton International, Tel. 08/271 07 11, oder das Hyatt Recency, Tel. 08/231 12 34. Empfehlenswert ist zudem die Adelaide Travellodge, Tel. 08/223 27 44.

Flinders Chase National Park und Seal Bay Conservation Park

Insel der Tiere

Kangaroo Island ist – nach Tasmanien und Melville Island – mit der respektablen Fläche von 4405 Quadratkilometern die drittgrößte Insel Australiens. Sie liegt in westlicher Fortsetzung der Landzunge, die sich südlich von Adelaide ins Meer hinausschiebt und den St. Vincent Golf an dessen östlicher Seite säumt. Vom Festland durch die schmale Backstairs Passage getrennt, hat sich die Insel zu einer der wichtigsten Touristendestinationen Südaustraliens entwickelt. Viel dazu beigetragen haben zwei Parks der Insel, der Flinders Chase National Park im Westen der Insel, der ohne Zweifel zu den wichtigsten Schutzgebieten des Landes zählt, und der kleine Seal Bay Conservation Park an der rauhen Südküste. Ohne den Besuch dieser beiden Reservate wäre der Aufenthalt auf der Insel nicht komplett.

Seal Bay Conservation Park

Man erreicht das kleine, aber außergewöhnliche Schutzgebiet auf einer ungeteerten Stichstraße, die von der ebenfalls recht rauhen South Coast Road abzweigt. Der Seal Bay Conservation Park umfaßt einen schmalen Küstenstreifen mit wind- und salzgestutzter Vegetation und eine langgezogene, auf beiden Seiten mit Felsklippen begrenzte Sandbucht. Dieses unberührte Stück Küste hat sich eine große Kolonie *Australischer Seelöwen* (Neophoca cinerea) zu ihrer Heimstatt auserkoren. Die Kolonie in der Seal Bay umfaßt mit mehreren hundert Exemplaren etwa zehn Prozent der Weltpopulation dieser herrlichen Tierart und gilt als die zweitgrößte Brutkolonie in Australien. Der Anblick der friedlich in der Sonne liegenden Tiere vermittelt zumindest einen kleinen Eindruck der paradiesischen Verhältnisse, die vor der Ankunft der Robbenjäger auf Kangaroo Island herrschten. Hundert Jahre gnadenloser Jagd auf Robben und Seelöwen, die wegen ihrer Felle, des Leders und ihres Specks zu Tausenden abgeschlachtet wurden, haben die Seelöwen an den Rand des Aussterbens gebracht. Diese dunklen Zeiten gehören zum Glück der Vergangenheit an, der Bestand der Tiere ist vorerst gesichert.

Heute ist es in der Seal Bay unter der kundigen Führung von Rangern möglich, den Strand entlang zu bummeln und sich mitten in der Kolonie zwischen den Tieren aufzuhalten – ein Erlebnis, das einzigartig in Australien ist. Im Laufe der Jahre haben sich die Seelöwen an die Anwesenheit der Menschen gewöhnt und bleiben ruhig liegen, wenn man sich ihnen nähert. Die Ranger achten allerdings genau darauf, daß ein Sicherheitsabstand von fünf Metern nicht unterschritten wird. Die Bucht ist in erster Linie ein Rastplatz für die erschöpften Tiere, die mehrere Tage hintereinander auf offener See beim Fressen zubringen. Sie genießen ganz offensichtlich die Sonne und tanken Kraft für den nächsten Jagdausflug. Das Gebären und Aufziehen der Jungen findet dagegen hauptsächlich in unzugänglichen Buchten am westlichen und östlichen Ende des langgezogenen Seal Bay Strandes statt. Der Zutritt zu diesen Buchten ist strengstens verboten, jede Störung der Tiere soll vermieden werden. Um den kompletten Schutz der Kolonie zu gewähren, wurde die Schutzzone des Parks einen Kilometer in das Meer hinaus erweitert. In diesem Seal Bay Aquatic Reserve ist Schwimmen und Fischen nicht erlaubt. Seit Jahren markieren Mitarbeiter des *South Australian National Parks and Wildlife Service* die in der Bucht geborenen Jungen, um mehr über das Leben der beeindruckenden Tiere zu erfahren. Die gewonnenen Erkenntnisse sollen einen besseren Schutz und das zukünftige Überleben der Tierart sichern.

Flinders Chase National Park

Wie im Seal Bay Conservation Park sind es auch im Flinders Chase National Park vornehmlich die Tiere, die das Herz der Besucher erobern. Erster Anlaufpunkt des Parks ist das Rocky River Park Headquarter. Hier sind das *Visitor Centre* und ein großer Campingplatz situiert, von hier aus sind alle Attraktionen des Parks zu erreichen. Das weitere Umfeld des Visitor Centres gleicht einem Freilichtzoo. Schon am Parkplatz wird man von ganzen Scharen

Information

Auskünfte: Flinders Chase National Park and Seal Bay Conservation Park, PMB 246, Kingscote, SA 5223, Tel. 08 48/3 72 35.
Reisezeit: Der Park ist das ganze Jahr über geöffnet. Milde regenreiche Winter und warme trockene Sommer prägen das Klima der Insel. Etwa zwei Drittel der Jahresniederschläge gehen zwischen Mai und September nieder, als feuchtester Monat gilt der Juli.
Unterkünfte: Flinders Light und Hartley Hut am Cape Broda, die Old Rocky River Homestead sowie die Parndana und Karatta Lodge am Cape du Couedic bieten außergewöhnliche Unterkünfte zu niedrigen Preisen in historischen Gebäuden innerhalb des Flinders Chase National Parks. Im Seal Bay Conservation Park gibt es keine Übernachtungsmöglichkeiten.
Camping: Ein Caravan- und Campingplatz mit allen Einrichtungen findet sich am Rocky River Park Headquarter. Einfache Buschcampingplätze gibt es bei Harveys Return, West Bay und Snake Lagoon. Für alle Campingplätze ist ein Permit vom Parkhauptquartier notwendig. Camping ist im Seal Bay Conservation Park nicht erlaubt.
Aktivitäten: Wandern, Sightseeing, Schwimmen, Tierbeobachtungen.

65/66 Die Kombination aus Geschichte und Natur macht den besonderen Reiz des Flinders Chase National Parks aus. Der historische Leuchtturm am Cape Borda tut seit 1858 seinen Dienst und zieht Besucher ebenso an wie die freundlichen und gar nicht scheuen Kangaroo Island Grey Kangaroos, eine Unterart des Western Grey Kangaroos vom Festland. Die Inselkänguruhs sind im Vergleich zur Festlandspezies dunkler gefärbt und haben ein längeres Fell.

65 | 66

bettelnder Känguruhs empfangen. Jahrelanges Füttern durch die Besucher hat dazu geführt, daß die *Kangaroo Island Grey Kangaroos*, eine nur auf der Insel vorkommende Unterart des auf dem Festland lebenden *Western Grey Kangaroos*, jede Scheu verloren haben. Die Nationalparkverwaltung hat inzwischen eine Aufklärungskampagne gestartet, die auf die tödlichen Gefahren aufmerksam macht, die das Füttern für die Tiere bringt. Mit zum hungrigen Empfangskomitee gehören auch die ansonsten scheuen *Tammar Wallabies*. Zahllose *Cape-Barren-Gänse* und *Emus* scheint die Anwesenheit der Menschen ebenfalls nicht zu stören; in den *Eukalypten* kann man *Koalas* entdecken, farbenprächtige *Sittiche* lärmen durch die Bäume; unweit des Parkhauptquartiers, am Rocky River, hat man – Geduld und die richtige Tageszeit vorausgesetzt – gute Chancen, das scheue *Schnabeltier* zu beobachten, und nachts treiben die possierlichen *Brushtail Possums* vor allem am Campingplatz ihr Unwesen.

Nicht weniger beeindruckend als die Tierwelt sind die zahlreichen landschaftlichen Attraktionen des Parks. Vom Rocky River Park Headquarter führt eine rauhe, aber mit normalen PKWs befahrbare Schotterstraße durch dichten Wald und undurchdringliches Mallee-Gestrüpp zum sturm- und wellenumtosten Cape du Couedic. Ein malerischer *Leuchtturm* und ein fotogenes Ensemble aus historischen Gebäuden geben dieser exponierten Felszunge ein ganz besonderes Ambiente. An der äußersten Spitze des Kaps hat sich an der Schwächezone zwischen zwei Gesteinsarten durch die ungebremste Kraft der tobenden See eine grandiose Naturbrücke, der Admirals Arch, gebildet, die vor allem zur Zeit des Sonnenuntergangs ihre ganze Schönheit entfaltet. Hier, an der Spitze des Kaps, hat auch eine Kolonie *Neuseeländischer Pelzrobben* die schräg ins Meer abfallenden Felsplatten zu ihrem Rastplatz auserkoren. Kurz vor dem Leuchtturm zweigt eine kurze Stichstraße zu Weirs Cove ab. Hier steht hoch über den steil abfallenden Klippen die Ruine eines Hauses. Als es noch keine Straßenverbindung zu dem im Jahre 1906 errichteten Leuchtturm gab, wurden die Verpflegung und Ausrüstung für die Leuchtturmwärterfamilie mittels einer kleinen Seilbahn zu diesem Haus heraufgebracht. Die türkisfarbene Bucht unterhalb davon war der einzige Platz an der wilden Steilküste, der das sichere Anlanden der Schiffe ermöglichte.

67 Unweit von Cape Borda im Flinders Chase National Park, in einer versteckten Bucht namens »Harveys Return«, kann man dieses ungewöhnlich gebänderte Gestein entdecken, ein geologisches Bonbon, das sich noch nicht zur Touristenattraktion gemausert hat.

Eine weitere Stichstraße, der vier Kilometer lange Boxer Drive, zweigt unweit des Leuchtturms in Richtung Osten ab und bringt die Besucher zur wohl bekanntesten Sehenswürdigkeit des Parks, den Remarkable Rocks. Einen treffenderen Namen für dieses Naturmonument hätte man nicht finden können. Die »bemerkenswerten Felsen« bilden eine Gruppe von bizarr verwitterten, flechtenbewachsenen Granitblöcken, die wie Skulpturen eines modernen Bildhauers auf einem mächtigen, zum Meer hin abfallenden Granitdom ruhen.

Ebenfalls am Rockey River Park Headquarter seinen Anfang nimmt der West Bay Track, an dessen Ende die malerische Sandbucht der West Bay liegt. Hier erinnert ein schlichtes Holzkreuz an einen unbekannten Seemann der *Loch Vennacher*, die 1905 ganz in der Nähe der Bucht sank. Auf dem Weg zur West Bay zweigen mehrere lohnende Wanderwege zur Küste ab: der Rocky River Trail, mit guten Chancen, etwas abseits des Weges in den tiefen Pools des Flusses *Schnabeltiere* zu sehen, der Sandy Creek Trail, der durch eine interessante und abwechslungsreiche Vegetation zum Meer hinunter führt, und der sechs Kilometer lange Breackneck River Track, dessen Ziel ebenfalls die Küste ist.

Die größten Teile des 74000 Hektar umfassenden Parks gelten als unzugängliche Wildnis. Vor allem die nahezu unpassierbare *Malle-Vegetation*, ein grünes, undurchdringliches Meer aus niedrigen Bäumen und Büschen, bildet ein wichtiges Rückzugsgebiet für Tiere. Touristisch interessant ist nur noch die Nordwestspitze des Parks. Wieder ist es die Verquickung von atemberaubender Natur und Geschichte, die begeistert. Die Rede ist von dem historischen und in seiner Architektur einmaligen *Leuchtturm* am Cape Broda. Das ungewöhnliche Gebäude weist einen quadratischen Grundriß auf und sitzt am Rande steil zum Meer abstürzender Klippen, die hier eine Höhe von 155 Metern erreichen. Es war also aufgrund dieser exponierten Lage nicht notwendig, einen richtigen Turm zu errichten. Ein kleines, liebevoll eingerichtetes Museum und der nach wie vor in Betrieb stehende Leuchtturm selbst können im Zuge einer geführten Tour besichtigt werden.

Drei Kilometer vor dem Leuchtturm zweigt eine Stichstraße zum Ausgangspunkt der längsten Wanderung im Park ab, dem sieben Kilometer langen Pfad zur Ravine des Casoars. Ein abgelegener, von mächtigen, höhlenzerfressenen Kalkwänden eingerahmter Strand ist das lohnende Ziel der Mühen. Ein weiteres landschaftliches Kleinod in der Nähe des Leuchtturms ist eine versteckte Bucht namens Harveys Return. Ein kleiner Campingplatz am Playford Highway markiert den Ausgangspunkt des kurzen Steilabstiegs in die Bucht. In dieser geschützten Bucht landeten vor dem Bau der Straße die Versorgungsboote für den Leuchtturm am Cape Borda. Spuren des im Jahre 1859 über die steile Flanke verlegten Doppelgleises sind immer noch zu sehen. Mit Hilfe von Winden, die von Pferden angetrieben wurden, schaffte man Güter über den Steilhang nach oben. Die Bucht selbst eignet sich herrlich zum Schwimmen – am besten als Abschluß eines aufregenden Besichtigungstages im Park –, und Hobbygeologen werden an dem hübsch gebänderten Gestein der Klippen ihre helle Freude haben.

Flinders Ranges National Park

Fenster zur Erdgeschichte

Südaustraliens größtes Gebirge, die *Flinders Ranges*, zieht sich vom *Spencer Gulf* als eine Serie parallel verlaufender Bergketten über eine Strecke von etwa 430 Kilometern nach Norden und verliert sich in den endlosen Wüsten südöstlich der gigantischen, hitzeflimmernden Salzpfanne des *Lake Eyre*. Im zentralen Teil des Gebirges, wo sich auch dessen höchste Erhebung, der *St. Mary Peak* mit 1165 Metern, befindet, liegt der *Flinders Ranges National Park*, ein Reservat, das Geologen, Historiker, Ästheten, Fotografen und Maler gleichermaßen entzückt.

Der bekannte australische Landschaftsmaler *Sir Henry Heysen* nannte die Flinders Ranges, deren Faszination der Künstler hoffnungslos erlag, die »offenliegenden Gebeine der Natur« (»the bones of nature laid bare«). Besser und exakter kann man den Charakter dieses uralten Gebirges kaum beschreiben. Es ist eine Formation im Endstadium, von ihrer ursprünglichen Größe ist nur noch der Rumpf vorhanden. Der unfaßbare, Jahrmillionen umfassende Prozeß der Erosion hat eine grandiose Naturlandschaft entstehen lassen, deren gnadenlos entblößte geologische Struktur an den rauhen Rückenpanzer eines uralten Krokodils erinnert.

Entstehungsgeschichte

Das Verständnis für diese Landschaft kommt mit dem Wissen über ihren geologischen Aufbau. Es ist keine spannende, aber eine lange Geschichte. In erster Linie ist das Gebirge aus Sedimenten wie Sandstein, Quarzit, Kalk und Schiefer aufgebaut, die sich vor mehr als 1000 Millionen Jahren am Grunde eines untermeerischen Troges – Geologen sprechen von der *»Adelaide Geosyncline«* – abzulagern begannen. Dieser Prozeß dauerte etwa 500 Millionen Jahre, dann begann sich das Bild der Landschaft gründlich zu ändern. Unendlich langsam, getrieben von unfaßbaren Kräften, begann das Land sich zu heben und im Laufe dieses Vorgangs wurden die Gesteinsschichten gekippt, gefaltet und zu einem Gebirge geformt, das die heutigen Flinders Ranges an Höhe weit übertraf. Einmal den Elementen ausgesetzt, begann der Verwitterungsvorgang, der bis heute andauert. Die weichen Gesteinsschichten verschwanden im Lauf der Jahrmillionen, und übrig blieb der Kern des Gebirges, gebildet aus harten, widerstandsfähigeren Gesteinen wie Quarzit oder Sandstein. Bäche und Flüsse zerschnitten die Bergketten und schufen tiefe Schluchten, die geradezu modellhaft Einblicke in den steinernen Rumpf des Gebirges bieten. Eine dieser Schluchten im Flinders Range National Park, die *Brachina Gorge*, bildet so ein Fenster in die Erdgeschichte und wurde zu einem geologischen Lehrpfad ausgebaut, dem *Brachina Gorge Geological Trail*. Er durchläuft auf zwanzig Kilometern Länge zwölf geologische Formationen; Tafeln am Rand der Schotterstraße erklären die erdgeschichtlichen Besonderheiten, Gesteine und Fossilien darunter eines der ältesten bisher bekannten versteinerten Tiere. Eine spektakuläre, farbenprächtige Landschaft bildet den Rahmen für diesen Exkurs in die Vergangenheit. Der Ausgangspunkt des Geotrails liegt an der Straße von *Wilpena* nach *Blinman*.

Der Wilpena Pound

Das bekannteste geologische Schaustück im Park aber ist der *Wilpena Pound*. Es handelt sich bei ihm um die erodierten Reste einer beckenförmigen Quarzitfalte, die weichere Gesteinsschichten schützend umschließt und so die Verwitterung und Abtragung verhindert. Deshalb liegt das flache, parkähnliche Innere des Wilpena Pound auch ein gutes Stück höher als die umliegenden Ebenen. Dort sind die weichen Sedimente längst abgetragen. Die außergewöhnliche Struktur des Wilpena Pounds offenbart sich am besten aus der Luft; von Wilpena aus werden *Rundflüge* angeboten. Wie eine überdimensionale Schüssel – der Pound hat eine Länge von sechzehn und eine Breite von sechs Kilometern –, umgeben von nach außen hin steil abfallenden Felsmauern, liegt dann das geologische Unikum unter dem Betrachter.

Der Wilpena Pound bildet das prominenteste und wichtigste Kernstück des Parks. Wegen seiner gewaltigen, einzeln stehenden *River Gums* und der

Information

Auskünfte: Flinders Ranges National Park, Wilpena, SA 5730, Tel. 086/480048; National Parks and Wildlife Service, 60 Elder Terrace, Hawker, SA 5434, Tel. 086/484244.
Reisezeit: Der Park ist ganzjährig geöffnet. Da das Klima in den Flinders Ranges im Sommer durch hohe Temperaturen, die 40° C übersteigen, geprägt wird, empfehlen sich die milden Wintermonate (Mai bis Oktober) für einen Besuch. Regen ist in dem wüstenhaften Park selten.
Unterkünfte: Die einzige Unterkunft im Park bietet das Wilpena Pound Resort, Tel. 086/480004. Der nächstgelegene Ort ist das rund 60 Kilometer entfernte Hawker.
Camping: Ein großer, mit allen notwendigen sanitären Einrichtungen ausgerüsteter Campingplatz findet sich in Wilpena. Alle anderen festgelegten Plätze im Park sind einfache Buschcampingplätze ohne weiteren Komfort.
Aktivitäten: Wandern, Rundflüge, Malen, geologische Exkursionen.
Touren: Das Wilpena Pound Resort veranstaltet verschiedene Allradtouren im Park und in der Umgebung. Hier können auch Rundflüge und Safaris mit dem Flugzeug gebucht werden.

68/69 Ohne den Besuch des kleinen Seal Bay Conservation Parks wäre ein Aufenthalt auf Kangaroo Island unvollständig. Die langgestreckte Bucht ist der Lebensraum einiger hundert Australischer Seelöwen. In Begleitung von Rangern kann man sich den sonnenbadenden Tieren bis auf wenige Meter nähern. Nur die etwas abseits gelegenen Brutplätze dürfen nicht betreten werden.

weiten offenen Flächen erinnert das Innere des Pounds stark an eine angelegte Parklandschaft. Genaugenommen ist das Naturpanorama hier auch von Menschen beeinflußt und gestaltet. Entdeckt wurde der Wilpena Pound im Jahre 1950 von *Edward John Eyre* auf der Suche nach Wasser. Bald folgten die Viehzüchter. Fehlendes Verständnis für die harsche, aber empfindliche Natur, Überweidung, Dürrezeiten und das Verschmutzen der wenigen Quellen ließen die Weidewirtschaft allerdings bald scheitern. 1870 folgten Weizenfarmer. In den ersten, ungewöhnlich regenreichen Jahren gelangen sogar einige sehr erfolgreiche Ernten, dann zerstörten katastrophale Dürrejahre – für diese halbwüstenartige Region nichts Ungewöhnliches – den Traum von der blühenden Landwirtschaft und zwangen die Bauern zum Aufgeben. Die Ruine der alten *Homestead* im Wilpena Pound erzählt die tragische Geschichte des Scheiterns in einer unbarmherzigen Natur.

Wandern im Wilpena Pound

Die meisten Wanderwege des Parks finden sich im Bereich des Wilpena Pound. Zugänglich ist die gewaltige Gesteinsschüssel nur an einer einzigen Stelle. Bei *Wilpena*, dem kommerziellen Zentrum des Parks (Visitor Centre, Geschäft mit Tankstelle, Motel, Campingplatz), hat der *Wilpena Creek* einen schmalen, schluchtähnlichen Durchbruch in der kompakten Felsmauer des Pounds geschaffen, der durch einen Wanderweg erschlossen ist. *Emus* und *Känguruhs* sind im Inneren des Pounds nicht selten Wegbegleiter.

Ein stolzes Ziel von Wilpena aus ist der *St. Mary Peak*, mit 1171 Metern der höchste Gipfel der gesamten Flinders Ranges. Lohn des steilen, anstrengenden und im Gipfelbereich relativ anspruchsvollen Weges ist ein atemberaubendes Panorama, das die seltsame Struktur des Wilpena Pound sowie der *Heysen* und *ABC Range* enthüllt. Schneller, kürzer, aber recht schweißtreibend ist der Aufstieg zum *Mt. Ohlsen Bagge*, dessen felsiger Gipfelaufbau wie ein Wächter über der Zugangsschlucht zum Pound thront. Quer durch den Wilpena Pound, hinüber zum *Bridle Gap*, führt ein Abschnitt des *Heysen Trail*, eines nahezu 2000 Kilometer langen Weitwanderweges. Ein weiteres Ziel für fitte Wanderer könnte die *Edeowie Gorge* am Nordwestende des *Wilpena Pounds* darstellen. Einen kleinen Einblick in die vergangene Kultur hier lebender *Aborigines* bekommt man am *Arkaroo Rock* unterhalb der südlichen Felsabstürze des Pounds. Unter einem gewaltigen überhängenden Felsblock haben sich an einer durch Erosion stark zerfurchten Wand Felszeichnungen erhalten. Um die zum größten Teil aus Strichzeichnungen bestehenden und nur in wenigen Fällen als farbige Flächen ausgeführten Motive wegen ihrer hohen Empfindlichkeit vor der Zerstörung durch Anfassen zu bewahren, befinden sie sich heute hinter einem weitmaschigen Schutzgitter. Der Ausgangspunkt des Weges zu dieser heiligen Stätte der Urbevölkerung liegt an der Straße nach *Hawker*.

Exkursionen mit dem Auto

Um den knapp 100 000 Hektar großen Park in seiner faszinierenden Gesamtheit zu erkunden, kommt man um ein Auto nicht herum. Die Fahrt ist dabei das Ziel. Den Exkursionen in die abgelegeneren Regionen des Parks haftet dank teilweise rauher Schotterstraßen ein Hauch von Abenteuer an. Zwar sind die Schotterpisten auch mit normalen Fahrzeugen befahrbar, sie verlangen aber stellenweise höchste Konzentration des Fahrers und belasten das Gefährt nicht unerheblich. Vorsichtiges und vor allem langsames Fahren ist deshalb erste Pflicht. Nur so lassen sich die gewaltigen Landschaftseindrücke des Schutzgebietes richtig genießen.

Als erster Stopp nach dem Verlassen von Wilpena bietet sich der berühmte *Casneaux Tree* an, ein uralter, alleinstehender *Red River Gum* vor der Kulisse der steilaufragenden Felswände des Wilpena Pounds. 1937 fotografierte *Harold Cazneaux* den Baum, und sein Foto, dem er den Titel »Spirit of Endurance« (»Geist der Beständigkeit«) gab, wurde in Australien und Übersee ausgestellt. Ganz in der Nähe verwittern die fotogenen Kulissen des 1984 hier gedrehten Spielfilms *»Robbery under Arms«*.

Geradezu atemberaubend ist die Fahrt von Wilpena auf einer Schotterstraße in das phantastische *Bunyeroo Valley*. Nach etwa fünfzehn Kilometern erreicht man einen Aussichtspunkt, der prachtvolle Panoramablicke über das Tal gewährt. Nun folgt der spektakulärste Abschnitt der Route. Die Straße bleibt erst auf der Höhe des Kamms – mit Einblicken in eine seltsam zeitlose Landschaft, deren karge Schönheit immer wieder zum Verweilen zwingt – und windet sich schließlich steil in das Tal hinunter. Ziel nach 28 Kilometern ist dort der tiefe Einschnitt der *Bunyeroo Gorge*, die auf einem eineinhalbstündigen Wanderweg erkundet werden kann.

Ganz im Norden des Parks erzählen die *Aroona Ruins* in dem verzauberten *Aroona Valley* eine weitere Leidensgeschichte der frühen Siedler. Im Jahre 1851 begann der Engländer *Frederick Hayward* hier Schafe zu züchten, verkaufte elf Jahre später seinen Betrieb mit Gewinn und kehrte nach England zurück. Seinen Nachfolgern blieb das Glück allerdings nicht treu, und 1886 lag die Homestead in Ruinen. Überlebt haben nur die Weiden- und Maulbeerbäume, die Frederick Hayward an der nahen Quelle gepflanzt hat. Die Ruinen von Aroona bilden zudem den Ausgangspunkt für ausgedehnte Wanderungen.

Im abgelegenen Nordostzipfel des Parks wartet schließlich als weiterer Höhepunkt eine Route durch die fossilienreiche *Wilkawillana Gorge* auf den Besucher.

70 Einer der auffälligsten und majestätischsten Baumgestalten in den Flinders Ranges ist der sogenannte »Cazneaux Tree« nahe Wilpena. Der uralte Red River Gum, ein Eukalyptus, erlangte durch ein 1937 gefertigtes Foto von Harold Cazneaux weltweit Berühmtheit.

Tasmanien

Die annähernd herzförmige Insel Tasmanien, die zusammen mit kleineren umgebenden Eilanden den insgesamt 67 800 Quadratkilometer großen gleichnamigen Bundesstaat bildet, hieß noch bis 1853 Van Diemens Land und wurde dann erst nach ihrem Entdecker, dem Niederländer Abel Tasman, benannt, der sie 1642 als erster Europäer erreicht hatte. Da die Insel geologisch eine Fortsetzung des südaustralischen Gebirgsgürtels darstellt, die heute durch den Meeresarm der Bass Strait vom Festland getrennt ist, hat sie überwiegend gebirgigen Charakter und weist nur an einigen Küstenabschnitten Tieflandregionen auf. Mit einem Anteil der Nationalparks von rund zwanzig Prozent an der Gesamtfläche stellt Tasmanien das am intensivsten mit Schutzgebieten versehene Mitglied des australischen Staatenbundes dar; allein die unter dem Protektorat der UNESCO stehende »Tasmanian Wilderness World Area« belegt 1,4 Millionen Hektar.

72 | 73 | 74

75 ▷

76 | 77

78 ▷

Vorhergehende Abbildungen:

71 Zerbrochene Säulen aus Diorit bilden den Gipfel des Cradle Mountain im Cradle Mountain-Lake St. Clair National Park.

72 Die meterhohen Pandani (Richea pandanifolia) geben dem Cradle Mountain-Lake St. Clair National Park stellenweise ein exotisches Ambiente.

73 Der Schnabeligel, der Echidna, bevorzugt offene Waldstücke im Cradle Mountain-Lake St. Clair National Park.

74 Zu den schönsten und auffälligsten Bäumen im Park zählen die knorrig verdrehten Schnee-Eukalypten mit ihrer farbenfrohen Rinde.

75 Offene Moor- und Heidelandschaften erlebt man entlang des Hounslow Heath Tracks, der seinen Ausgangspunkt im Cradle Valley hat.

76 Namenlose, aber fischreiche Seen prägen die Nordostecke des Cradle Mountain-Lake St. Clair National Parks.

77 Ein kühlgemäßigter Regenwald bildet in geschützten Lagen im Cradle Mountain-Lake St. Clair National Park dichte Bestände.

78 Der Overland Track, ein sechstägiger Weitwanderweg, verbindet die beiden Nationalparkzentren Cradle Mountain und Lake St. Clair.

79 | 80

Insel im Abseits?

Mit einer Fläche von 86300 Quadratkilometern – das entspricht etwa der Größe Bayerns – ist Tasmanien das kleinste Mitglied im Staatenverbund Australiens. Die annähernd herzförmige Insel wird durch die 240 Kilometer breite, oft stürmische Bass Strait vom Festland getrennt. Der Inselstaat liegt seit jeher im ökonomischen Abseits Gesamtaustraliens und weist die traditionell höchste Arbeitslosenquote auf.

Wirtschaftliche Standbeine Tasmaniens sind die Holzindustrie und die Agrarwirtschaft. Allerdings kann wegen der gebirgigen Struktur der Insel nur ein Drittel der Fläche landwirtschaftlich genutzt werden. Von ökonomischem Vorteil sind die unerschöpflichen und billigen Energiereserven des Landes. Tasmanien setzt dabei auf die Wasserkraft, dank der hohen Niederschläge eine gesicherte Energiequelle. In den letzten Jahrzehnten entstanden in Tasmanien zahlreiche *Wasserkraftwerke*, mit der Folge, daß man dort inzwischen mehr Strom produziert als gebraucht wird. Nirgendwo auf der Welt ist Elektrizität deshalb billiger als in Tasmanien. Dieser Überschuß an Energie hatte zur Folge, daß sich energieintensive Industrien wie die *Metallveredelung* und *Aluminiumherstellung* in Tasmanien ansiedelten.

Der vielleicht größte Schatz Tasmaniens aber ist seine einmalige Natur. Geografisch gesehen ist Tasmanien eine Gebirgsinsel. Im Westen ragen die Berge über 1500 Meter auf, das Massiv des Ben Lemond im Nordosten erreicht 1573 Meter. Dazwischen erstreckt sich das seenreiche *Zentralplateau*, das in dem 1617 Meter hohen Mt. Ossa kumuliert, dem höchsten Gipfel Tasmaniens. Das östliche Plateau erreicht dagegen nur noch Höhen zwischen 300 und 400 Metern. Dank der differenzierten topografischen Struktur zeigt sich Tasmanien als Insel der Kontraste. Neben den Gebirgsregionen fügt die zum Teil stark gegliederte *Küste* mit einer Gesamtlänge von 3200 Kilometern dem Landschaftsbild der Insel einen weiteren wichtigen Aspekt zu. Vor allem im Bereich der Nordküste prägen Wiesen und Felder das Bild, und in der Region zwischen Launceston und Hobart, den beiden wichtigsten Städten der Insel, fühlt man sich oft in das ländliche England versetzt.

Ökonomie und Ökologie prallen in dem ärmsten Bundesstaat immer wieder aufeinander. Berühmtestes Beispiel war der Kampf der Naturschützer gegen den geplanten *Franklin-Lower Gorden-Staudamm*, der weltweit Aufsehen erregte. Mit der Niederschlagung dieses – wie man heute weiß – sinnlo-

79 Ein kurzer Abstecher vom Overland Track bringt Wanderer zu den versteckt gelegenen Hartlett Falls. Sie bilden die ersten Fälle einer ganzen Serie von Seilabstürzen, die der Mersey River auf dem Weg zum Lake Rowallan überwinden muß.

80 Die Trekker sind am Cooks Beach, einem der vielen nur zu Fuß erreichbaren Traumstrände im Freycinet National Park, angelangt und werden ihr Lager ganz in der Nähe, bei Cooks Corner, aufschlagen.

Information

Anreise: Die Anreise nach Tasmanien erfolgt immer über Australien, einen direkten Flug von Europa gibt es nicht. Mehrere Fluglinien verbinden alle größeren Städte Australiens mit der Insel. Regelmäßig angeflogen werden Hobart, Launceston und Devonport. Eine moderne Autofähre verbindet das Festland mit Tasmanien. Die Überfahrt geht über Nacht und dauert etwa 15 Stunden. Informationen bei TT Line Reservation, P. O. Box 168 E, East Devonport, Tel. 004/230333.

Unterkunft: Übernachtungsmöglichkeiten aller Preis- und Komfortklassen bietet die Hauptstadt Hobart. Zentral gelegen sind zum Beispiel das Hobart Macquarie Motor Inn, Tel. 002/344422, das Westside Hotel, Tel. 002/346255, oder das Innkeepers St. Ives Hotel, Tel. 002/301801. Lauceston, die zweitgrößte Stadt Tasmaniens, bietet ebenfalls eine reiche Palette an Unterkunftsmöglichkeiten. Empfehlenswert sind unter anderem das Innkeepers Penny Royal Village, Tel. 003/316699, oder das Batman Fawkner Inn Hotel, Tel. 003/317222. Auf dem Land findet man in jedem größeren Ort ein Motel, zahlreiche kleine Pensionen offerieren Bed & Breakfast. Homehost & Heritage Tasmania bietet eine Reihe von stilvollen Pensionen in historischen Gebäuden oder Übernachtungen auf Farmen, Tel. 002/241612.

sen Projektes konnte ein einzigartiges Ökosystem im wilden Südwesten der Insel gerettet werden. Es ist heute als Franklin-Gorden Wild Rivers National Park geschützt. Nach wie vor ein großes Problem für die einzigartige Natur der Insel ist der intensive Holzeinschlag.

Trotzdem ist Tasmanien in bezug auf Nationalparks in einer glücklichen Lage. Mit etwa zwanzig Prozent der Landesfläche weist Tasmanien den weitaus größten Anteil an Parks in ganz Australien auf. In den zum Teil nur schwer zugänglichen Regionen werden immer noch Entdeckungen gemacht, die die Fachwelt erstaunen lassen. Auf einem abgelegenen Berg im Nordwesten Tasmaniens fand man vor kurzem den ältesten lebenden Organismus auf der Erde. Der Baum, eine *Huon Pine*, bedeckt eine Fläche von mehr als einem Hektar, und sein Alter wird mit mindestens 10500 Jahren angegeben!

Mehrere zusammenhängende Nationalparks, darunter der Cradle Mountain-Lake St. Clair National Park, der Walls of Jerusalem National Park, der Franklin-Gorden Wild Rivers National Park, der Hartz Mountain National Park und der große South West National Park wurden zur Tasmanian Wilderness World Heritage Area zusammengefaßt. Das unter dem Protektorat der UNESCO stehende Schutzgebiet bildet eine der letzten gemäßigten Wildnisse dieser Welt mit unberührten temperierten Regenwäldern, berükkenden Gebirgslandschaften, ungezähmten Flüssen und einem Schatz an zum Teil endemischen Pflanzen und Tieren. Mit 1,4 Millionen Hektar entspricht die Fläche des Weltparks einem Fünftel der Inselfläche. Kein Wunder also, daß die wirtschaftlich gebeutelte Insel nun zunehmend auf den Tourismus setzt: Alle Voraussetzungen dazu hat sie.

Cradle Mountain-Lake St. Clair National Park

Der Gebirgspark

Tasmaniens landschaftlicher und topografischer Höhepunkt liegt gerade einmal 85 Kilometer südlich der Hafenstadt Devonport, eines der Einfallstore des Inselstaates: der Cradle Mountain-Lake St. Clair National Park. Das Reservat bildet den nordwestlichen Eckpfeiler des riesigen Weltparks der »Tasmanian Wilderness World Heritage Area«. Mit 161000 Hektar nimmt der Park ohne Zweifel einen Spitzenrang innerhalb der Schutzgebiete Australiens ein und gilt als Tasmaniens bekanntester Nationalpark. Einer der Gründe ist die außergewöhnliche Schönheit der für australische Verhältnisse ungewöhnlich alpinen Landschaft. Zahlreiche Seen und Seenaugen, Hochplateaus mit weiten Sümpfen und Mooren, wilde und bizarre Gipfel – darunter der Mt. Ossa, mit 1616 Metern Tasmaniens höchster Berg – und undurchdringliche Regenwälder in tiefen Tälern bilden das Landschaftsspektrum des bekannten und beliebten Cradle Mountain-Lake St. Clair National Parks.

Entstehung der Landschaft

Die bedeutendsten Gesteine innerhalb des Parks sind metamorphe und aufgefaltete Sedimente aus dem Präkambrium. Ihr Alter wird mit mehr als 700 Millionen Jahren angegeben. Vorherrschend sind dabei Quarzit und Schiefer, die vor allem im Westen und Norden des Parks den Unterbau bilden. Die aus diesen Gesteinen entstehenden Böden sind sauer und unfruchtbar. Hier haben sich die ausgedehnten *Button-Gras-Ebenen* gebildet. Jüngere Sedimente wie Sandstein (180 bis 275 Millionen Jahre alt) finden sich über den ganzen Park verteilt. Landschaftsgestaltend ist jedoch das rötliche Intrusionsgestein *Dolerit*, das vor etwa 165 Millionen Jahren unter und in die Sedimente der Region eingedrungen und dort erkaltet ist. Die charakteristische säulenartige Ausprägung des Ge-

Information

Auskünfte: Cradle Mountain-Lake St. Clair National Park, Cradle Mountain, via Sheffield, TAS 7306, Tel. 004/921133, Department of Parks, Wildlife and Heritage, 134 Macquarie Street, Hobart, TAS 7001, Tel. 002/302620.

Reisezeit: Das Klima im Park kann als sehr feucht und äußerst unbeständig charakterisiert werden. Heftige Wetterstürze, Schneefälle, gelegentlich auch im Sommer, und lange Regenperioden machen vor allem Trekkern und Bergsteigern zu schaffen. Als die beständigsten Monate haben sich Dezember bis März erwiesen.

Unterkünfte: Einfache Hütten können im Cradle Valley (Waldheim Cabins, Tel. 004/921395) und in Cyntia Bay (Tel. 002/891137) angemietet werden. Stilvoll und komfortabel untergebracht ist man in der knapp außerhalb des Parks gelegenen Cradle Mountain Lodge (Tel. 004/921303). Frühe Anmeldung ist dringend empfohlen. Entlang des Overland Tracks kann man in einfachen Hütten übernachten. Man sollte sich jedoch nie darauf verlassen, einen Platz zu bekommen. Schlafsack und Liegematte sind notwendig.

Camping: Ein großer, bestens ausgestatteter Campingplatz liegt einige Kilometer vor der Cradle Mountain Lodge, Tel. 004/921395. Informationen über den Zeltplatz in Cyntia Bay bekommt man unter Tel. 002/891137. Wildzelten ist im Park überall erlaubt, entlang dem Overland Track befinden sich die Zeltplätze im Bereich der Hütten.

Aktivitäten: Wandern, Bergsteigen, Trekking.

Touren: Der Overland Track wird als geführte Trekkingtour von verschiedenen lokalen Organisationen angeboten. Komfort-Trekking mit Unterkunft in privaten Hütten bietet Cradle Mountain Huts, Tel. 003/312006, an. Preiswerter und mit dem Zelt unterwegs ist man dagegen mit Tasman Expedition, Tel. 003/343477. Beide Firmen haben ihren Sitz in Launceston. Regelmäßig veranstaltet werden zudem von Rangern geführte Wanderungen, auch die Cradle Mountain Lodge bietet ihren Gästen eine ganze Reihe von Unternehmungen an.

81/82 Stilgerechte Unterkunft für die Nordseite des Cradle Mountain-Lake St. Clair National Parks bieten die an einem kleinen Teich direkt am Parkeingang gelegenen Cradle Mountain Lodge und die ein paar Kilometer entfernte, rustikale Lemonthyme Lodge.

81 | 82

83 | 84

steins hat große Ähnlichkeit mit Basalt. Ständige Erosion hat die über dem eingedrungenen Gestein liegenden Sedimentschichten im Laufe der Zeit abgetragen und ein Doleritplateau freigelegt, das wegen seiner Härte dem nagenden Zahn von Wind und Wetter weit besser widersteht als die weichen Sedimente. Nur an Bruchlinien innerhalb des Plateaus konnten Flüsse und Erosion ansetzen und die kompakte Gesteinsmasse zerteilen. Den letzten Schliff erhielt der Park schließlich während der letzten großen Eiszeit. Vor etwa 20000 Jahren bedeckte eine Eisfläche mit einem Durchmesser von 65 Kilometern das Gebiet einschließlich der *Du Cane Range* und des *Cradle Mountain Plateaus*. Die Eismassen rundeten die Topografie, hobelten Täler aus, bildeten Kare, Moränen und Seen. Diesen Zeugen der einstmaligen Vergletscherung begegnet man heute bei Streifzügen durch den Park auf Schritt und Tritt.

Vegetation und Tierwelt

Die Pflanzenwelt des Parks reicht von alpinen Mooren über Eukalyptuswälder bis hin zu kühl-gemäßigten Regenwäldern. Bestandsbildend sind hier *Sassafras-Bäume, Myrtle Beech* – eine Südbuchenart – und die *Celery Top Pine*. Die Stämme der Wälder sind flechtenbedeckt, Moose und Farne bilden einen dichten Unterwuchs und geben den urwüchsigen Wäldern den Flair eines mystischen Zauberwaldes. Auffällige Pflanzenarten im reichen Vegetationsspektrum sind die *King Billy Pines* und die *Pencil Pines* der Bergwälder. Einen tropischen Eindruck vermitteln die *Pandanis*. Diese palmenähnlichen Pflanzen sind frostresistent und gehören zu den Heidegewächsen. Hoch im Gebirge kommt auch die seltsame *Cushion Plant*, die große, leuchtendgrüne Polster bildet, vor. Im Herbst kann man im Park dann ein ganz besonderes Schauspiel erleben. Dann verfärben sich die Blätter einer laubabwerfenden Buchenart, und ganze Hänge überziehen sich mit einem gelben bis bronzefarbenen Farbschleier. Ebenfalls eine Charakterpflanze der Hochlagen sind die *Schnee-Eukalypten* mit ihren auffällig gefärbten Stämmen.

So einzigartig wie die Vegetation zeigt sich auch die Fauna des Parks. Am bekanntesten sind die *Tasmanischen Teufel*, nachtaktive Beuteltiere, deren Schreie man im Dunkeln oft hört. Zu Gesicht bekommt man die scheuen Tiere allerdings sehr selten. Häufig zu sehen sind dagegen das *Bennett Wallaby* und das *Pademelon*, eine kleine endemische *Wallabyart*. *Echidnas* und *Schnabeltiere* sind ebenfalls häufig im Park. Obwohl man es in dem rauhen Gebirgsklima des Parks nicht erwarten würde, sind Schlangen häufig. Vor allem die schwarze *Tiger Snake* entdeckt man an warmen Tagen nicht selten bei ihrem Sonnenbad auf den Wanderwegen.

Zu Fuß im Park unterwegs

Der größte Teil des gebirgigen Parks ist weglose Wildnis und nur erfahrenen, bestens ausgerüsteten Trekkern zugänglich. Doch auch auf gut ausgebauten, beschilderten und markierten Wegen, die von leichten Spaziergängen bis hin zu anstrengenden und anspruchsvollen Tagestouren die gesamte Palette umfassen, kann man die außergewöhnliche Natur des Cradle Mountain-Lake St. Clair National Parks erkunden.

Ausgangspunkt für die zahlreichen Wanderungen ist im Norden des Parks das *Cradle Valley*, im Süden der *Lake St. Clair*. Beide Nationalparkzentren werden verbunden von dem über achtzig Kilometer langen *Overland Track*, einem der schönsten Weitwanderwege Australiens. Voraussetzung für die fünf- bis sechstägige Wanderung ist gute Fitneß, Unempfindlichkeit gegenüber dem launischen, oft rauhen Wetter und die Bereitschaft, einen schweren Rucksack mit kompletter Trekkingausrüstung zu schleppen.

Den *Nordteil* des Parks erreicht man über eine vierzehn Kilometer lange Stichstraße, die von der Straße C 132 abzweigt. Kurz vor der Parkgrenze steht die rustikale, aber komfortable *Cradle Mountain Lodge*, beliebter Ausgangspunkt für Unternehmungen innerhalb des Parks. Gleich nach dem Parkeingang liegen die *Ranger Station* und das *Cradle Mountain Visitor Centre*. Ausstellungen und Video-Vorführungen geben Einblicke in die Geschichte, Geologie und Natur des Parks, freundliche Ranger stehen Rede und Antwort, geben Tips für Wanderungen und stellen die Permits für den Overland Track aus. Hier werden auch die Anmeldungen für die von Rangern geführten Wanderungen entgegengenommen.

Ausgerüstet mit einer Fülle an Informationen geht es nun in das *Cradle Valley* hinein. Bald nach dem Visitor Centre endet die Teerstraße und leitet in eine Schotterstraße über. Vorbei an der Abzweigung zu den *Waldheim Huts* – hier stehen einfache Unterkunftshütten und das als Museum ausgebaute historische *Waldheim Chalet* – führt die enge Straße zu ihrem Bestimmungsort, dem Parkplatz am romantisch gelegenen *Lake Dove*. Waldheim und Lake Dove sind die Ausgangspunkte für praktisch alle Wanderungen im Nordteil des Parks; man hat die Qual der Wahl. Den besten Blick über Lake Dove und die vom Eis gestaltete Landschaft der Region bietet *Marions Lookout*; ein erst 1994 fertiggestellter *Rundweg um den See* zählt zu den schönsten Wanderungen im Park, der Gipfel des 1545 Meter hohen *Cradle Mountain* hat bei trittsicheren Bergwanderern einen hohen Stellenwert, und mit dem *Artists Pool* auf der Ostseite des Cradle Mountain Massivs be-

83 Der Blick vom Face Track unterhalb der Steilabstürze des Cradle Mountain Massivs über den Lake Wilks (links) und den Lake Dove offenbart deren Entstehungsgeschichte: Ein Gletscher hat das geschwungene Tal ausgeschabt und nach seinem Abschmelzen die beiden Seen hinterlassen.

84 Ein dichter Pandani-Hain im Cradle Valley suggeriert tropische Üppigkeit in einer Region, die im Winter schneebedeckt ist und wo tiefer Frost zur klimatischen Normalität zählt.

sitzt der Nordteil des Parks ein landschaftliches Kleinod von berückender Schönheit. Weitere beliebte Wanderziele sind die lieblichen *Twisted Lakes*, der Bilderbuch-Karsee *Crater Lake* oder der temperierte Regenwald nahe Waldheim.

Andere, nicht minder lohnende Eindrücke bietet der *Südteil* des Parks. Auf einer Stichstraße, die bei *Derwent Bridge* vom *Lyell Highway* abzweigt, erreicht man *Cyntia Bay* am *Lake St. Clair*. Hier bilden eine Ranger Station, ein Campingplatz und ein Kiosk die touristische Infrastruktur. Cyntia Bay ist Ausgangs- oder Endpunkt des Overlandtracks, hier starten zahlreiche Wanderungen, die den See und die umliegende Bergwelt zum Ziel haben. Im Sommer bringt eine kleine Fähre die Wanderer, Trekker und Ausflügler über den Lake St. Clair zur *Narcissus Bay* am Nordende des großen Sees.

Der Lake St. Clair gilt mit 200 Metern als der tiefste See Australiens. Sein Bett wurde von gewaltigen Gletschern ausgeschürft, deren Endmoräne das Südende des Gewässers bildet. Der langgezogene See liegt fjordähnlich in einem steilwandigen, dicht bewaldeten Trogtal und wird überragt von einigen der prominenten Gipfel des Parks – wie dem Massiv des *Mt. Olympus* (1447 m), der schlanken Felsnadel des *Mt. Ida* (1253 m) oder dem *Mt. Gould* (1491 m) am Nordende des Sees. Als schönste Wanderziele im Südteil des Parks gelten der *Mt. Rufus* (1416 m), der *Cuvier Valley Track* sowie von Narcissus Bay aus die Besteigung der *Akropolis* (1471 m) und die Wanderung zu *The Labyrinth*, einer wilden Seenlandschaft in der *Du Cane Range*.

Freycinet National Park

Naturtheater aus Fels und Meer

Gemessen an dem schlechten klimatischen Ruf, der Tasmanien allgemein anhaftet, kann man im *Freycinet National Park* an der Ostküste der Insel recht oft sein blaues Wunder erleben. Im wahrsten Sinne des Wortes, denn das Klima hier ist vergleichbar mit dem in Südfrankreich: lange Trockenperioden mit viel Sonnenschein sind eher die Regel als die Ausnahme. Das glitzernde Wasser, die wilden Granitgestade, die versteckten Buchten – alles versprüht mediterranes Flair, Vergleiche mit der wilden Westküste Korsikas drängen sich auf.

Wie ein knochiger Finger deutet die gebirgige *Freycinet Peninsula*, die der Nationalpark umfaßt, in die Tasman-See hinaus und legt sich, einem schützenden Wall gleich, vor die Küste Tasmaniens. Der Gebirgszug der Halbinsel fängt die Brecher der oft wilden Tasman-See ab. Dahinter liegt die außergewöhnlich fischreiche Bucht der *Great Oyster Bay*. Sie gilt unbestritten als bestes Fischgewässer Tasmaniens. Die vor der Fingerspitze sitzende Insel *Schouten Island* wurde ebenso wie ein großes Areal um die *Friendly Beaches* nachträglich in das Schutzgebiet eingegliedert. Der Nationalpark umfaßt so einen Landschaftsmix aus zerklüfteten Granitbergen, langgezogenen Sandstränden, monumentalen Steilküsten, versteckten Traumbuchten, dichten Wäldern, Sümpfen und Lagunen.

Der Park lebt von dem Gegensatz zwischen Gebirge und Meer. Die sich an der geschützten Westküste reihenden Strände sind vor allem im Spätsommer sehr beliebt. Sie gelten im Gegensatz zu den Stränden an der Ostseite als sicher zum Schwimmen. Aber gerade an der Ostküste, zum offenen Meer hin, findet man die schönsten Buchten und Strände. Die mit Abstand malerischste Bucht fungiert auch als Aushängeschild für den Park und ist Ziel der meisten dortigen Wanderer: die *Whineglass Bay*. Das perfekte Halbrund der mehrere Kilometer langen Bucht, der blendendweiße Sand und das türkisfarbene Meer lassen Gedanken an das Paradies aufkommen. Und den scheinbar endlosen Stränden der *Friendly Beaches* nördlich der *Hazards* gebührt sowieso ein Spitzenplatz in der Strandparade Tasmaniens. In den Dünenlandschaften dahinter fand man große Haufen an Muschelschalen, sogenannte *»mitten«*. Sie sind Beweis, daß früher die Aborigines dieses Gebiet durchstreiften und sich an dem vielfältigen Nahrungsangebot des Meeres bedienten.

Information

Auskünfte: Freycinet National Park, via Coles Bay, TAS 7215, Tel. 002/570107.
Reisezeit: Der Park ist ganzjährig geöffnet. Sonnenreiche Sommer und milde Winter charakterisieren das Klima im Park. Februar und März eignen sich besonders zum Wandern.
Unterkunft: Im Park bietet die Freycinet Lodge stilvolle Unterkunft, Tel. 002/570101. In Coles Bay findet man eine ganze Reihe von Schlafmöglichkeiten.
Camping: Der Nationalpark-Campingplatz liegt kurz hinter dem Parkeingang, ein großer Caravan- und Campingplatz bietet in Coles Bay alle Bequemlichkeiten. Kleine Campingplätze für Wanderer und Trekker liegen an der Wineglass Bay, an Bryans Corner und am Cooks Beach. Hier gibt es nur einfache Toiletten, Wasser ist rar.
Aktivitäten: Wandern, Trekking, Schwimmen, Fischen.
Touren: Die in Launceston ansässige Firma Freycinet Experience bietet ein fünftägiges, geführtes Trekking an, das alle landschaftlichen Höhepunkte des Freycinet National Parks berührt. Übernachtet wird in feststehenden Zeltlagern und in einer privaten Lodge, Tel. 003/344615.

85 Vom Aufstieg zum Ossa geht der Blick hinüber zum weiten Tal des Mersey Rivers, flankiert links vom Cathedral Mountain und rechts von den Ausläufern der Du Cane Range. Die grünen Polster im Vordergrund sind sogenannte Cushion Plants, die nur in dem feucht-kühlen Klima der Bergregionen Tasmaniens gedeihen.

86 Die felsigen Dioritzinnen im Hintergrund markieren das Gipfelmassiv des Mt. Ossa, des höchsten Berges Tasmaniens. An klaren Tagen liegt dem Betrachter vom Gipfel aus fast die gesamte Insel zu Füßen. Der Gipfel kann als Abstecher vom Overland Track bestiegen werden.

85 | 86

87 | 88

89 ▷

87 Ein verstecktes Kleinod im Freycinet National Park bildet die Little Bluestone Bay, deren flechtenbewachsene Granitfelsen in den weichen Farben eines frühen Morgens leuchten.

88 Einen geeigneten Platz, um »die Seele baumeln zu lassen«, finden Wanderer in der langgezogenen Sandbucht des Cooks Beach im Freycinet National Park. Die Berge im Hintergrund sind Mt. Mayson (links) und Mt. Amos (rechts), zwei Mitglieder des Gipfelquartiers »The Hazards«. Links hinten leuchtet der Sand des zwei Kilometer langen Hazard Beachs.

89 Von dem verschlafenen Ferienort Coles Bay geht der Blick hinüber zu »The Hazards«. Alle vier Hauptgipfel des Granitriegels stehen Parade: Mt. Parsons, Mt. Dove, Mt. Amos und Mt. Mayson (von links nach rechts).

Im Park unterwegs

Vom *Tasman Highway* zwischen *Swansea* und *Bicheno* zweigt eine 35 Kilometer lange geteerte Stichstraße ab. Sie führt entlang dem Nationalpark nach *Coles Bay*. Ungeteerte Seitenwege führen von dieser Straße in den jüngsten Teil des Parks, die Dünen- und Küstenlandschaft um die *Friendly Beaches*. Hinter dem verschlafenen Örtchen Coles Bay ist dann der offizielle Parkeingang erreicht. Hier bekommt man Auskünfte und Broschüren über das Reservat und kann sich einen Platz im nahen Campingplatz am langgezogenen *Richardsons Beach* sichern. Verwöhnte Naturen finden ihr Paradies wahrscheinlich ein paar Kilometer weiter in der unter Schweizer Führung stehenden *Freycinet Lodge*. Ganz in der Nähe zweigt eine rauhe Schotterpiste zum *Cape Tourville* ab. Nicht weit davon entfernt liegt die kleine Felsenbucht der *Little Blue Stone Bay*. Besonders am frühen Morgen ist dieses Kleinod der Natur sehenswert. Dann leuchten die mit orangefarbenen Flechten überzogenen Felsen besonders kräftig. Die sechs Kilometer lange Stichstraße von Coles Bay endet dann unweit der Lodge vor der viergipfligen Granitbarriere der *Hazards*. Ab hier geht es nur noch zu Fuß weiter, denn andere Straßen gibt es in diesem Teil des Parks nicht. Hinter diesem schützenden Bergriegel nun tut sich eine versteckte Wunderwelt für Fußgänger auf, die es auf Tageswanderungen, aber auch auf mehrtägigen Trekkings, zu erkunden gilt.

Wandertouren

Am besten überblicken kann man dieses Natur- und Wanderparadies vom Gipfel des *Mt. Amos* (440 m) aus. Auf diesen zweithöchsten Gipfel der Hazards führt vom Parkplatz am Ende der Stichstraße ein steiler Wanderweg. Lohn der Mühe ist ein Blick über die traumhafte *Whineglass Bay* zu den beiden höchsten Gipfeln des Parks, dem *Mt. Graham* (579 m) und *Mt. Freycinet* (620 m), und zu den abgelegenen Stränden der Freycinet Halbinsel.

Zweifellos zu den schönsten Rundwanderungen im Park gehört die Kombination der drei Wanderwege *Hazards Beach Track, Isthmus Track* und *Wineglass Bay Track*. Auf dieser leichten Tagestour umrundet man den *Mt. Mayson* (400 m), einen der vier Hazardgipfel, und erreicht damit zwei der schönsten Buchten des Parks, den westseitig gelegenen *Hazard Beach* und die *Wineglass Bay* auf der Ostseite. Eine weitere großartige Runde, für die man allerdings mindestens zwei Tage veranschlagen sollte, ist der *Peninsula Track*. Er führt von der *Wineglass Bay* über den Granitgipfel des *Mt. Graham* zum *Cooks Beach* und an der Küste entlang zurück zum *Hazard Beach*. Vom Cooks Beach führt ein weiterer Pfad, der *Bryans Beach Track*, zum weitgeschwungenen und einsamen Sandstrand des *Bryan Beach*.

Schouten Island

Die weglose Insel *Schouten Island* vor der Südspitze der Freycinet Peninsula ist nur mit dem Boot zu erreichen. Die Insel ist durch eine gut erkennbare Störungslinie geologisch zweigeteilt. Während die Nordhälfte von Schouten Island aus Granit aufgebaut ist, dominiert im Süden das Intrusionsgestein Dolerit. Die Vegetation der Insel besteht vorwiegend aus salzbeständigem Küstengebüsch und Heide. Auf der Insel wartet ein primitiver Zeltplatz ohne sanitäre Einrichtungen auf Entdeckungsfreudige.

90 Eine Schaukanzel ohnegleichen stellt der Gipfel des Mt. Graham, des höchsten Berges im Freycinet National Park, dar. Im Hintergrund begrenzen drei der vier Hazards-Gipfel den Blick, links des schmalen, sumpfigen Isthmus leuchtet das Sandband des Hazard Beach herauf, und rechts lockt Tasmaniens schönste Bucht, die Wineglass Bay.

91 Gedanken an das Paradies liegen angesichts des landschaftlichen Schmuckstücks der Wineglass Bay nahe. Kaum vorstellbar ist, daß diese Traumbucht einst der Standort einer florierenden Walfangstation war. Noch heute liegen die ausgebleichten Knochen der Meeressäuger am Strand und erzählen die grausame Geschichte.

Westaustralien

Das westliche Drittel des »Fünften Kontinents« ist durch eine schnurgerade Grenzlinie, die vom Joseph-Bonaparte-Golf im Norden bis zum Scheitelpunkt der Großen Australischen Bucht im Süden verläuft, von seinen Nachbarn Northern Territory und Südaustralien getrennt. Solche ohne Rücksicht auf natürliche oder historische Gegebenheiten mit dem Lineal gezogenen Landesgrenzen sind stets ein sicheres Indiz für eine koloniale Vergangenheit. Und Westaustralien wurde auch erst 1890, als allerletzter der australischen Bundesstaaten, von Großbritannien in eine weitgehende Autonomie entlassen. Daß das überwiegend wüstenhafte Landesinnere – weswegen weit mehr als zwei Drittel der Bevölkerung im Großraum der Hauptstadt Perth leben – kaum Landwirtschaft ermöglicht, wird durch reiche Bodenschätze ausgeglichen. Westaustralien ist mit über 90 Prozent an der australischen Erzförderung beteiligt.

94 | 95

96 ▷

Vorhergehende Abbildungen:

92 Im stillen Wasser der Kalamina Gorge spiegeln sich die roten Felswände aus eisenhaltigem Gestein. Die zahlreichen Schluchten am Nordrand der Hamersley Range gehören zu den eindrucksvollsten Schaustücken des Karijini National Parks.

93 Ein Wald aus bizarr verwitterten Kalksteinsäulen ragt im Nambung National Park aus dem hellen Sand auf und bildet eine Landschaft, die der Phantasie eines Science-fiction-Autors entsprungen sein könnte: »The Pinnacles«.

94/95 Ein Allradfahrzeug ist Voraussetzung, um in die steinerne Wunderwelt des Purnululu National Parks vorzudringen. Lohn des Aufwandes ist eine unvergleichbare, fremdartige Landschaft aus Sandsteindomen und -pagoden, die das merkwürdig bleiche, von Rillen durchzogene Felsbett des nur periodisch fließenden Piccaninny Creek flankieren (unten).

96 Ohne Übergang ragen die verkarsteten Kalksteinwände der Napier Range im Windjana Gorge National Park über der Steppenlandschaft der Kimberley auf. Die rötlichgraue Felsmauer stellt einen Teil eines uralten Riffs aus dem Devon dar.

97 | 98 | 99 100 ▷

101 | 102

Der dünnbesiedelte Riese

Der flächenmäßig größte Bundesstaat Australiens ist gleichzeitig auch der am dünnsten besiedelte. Auf einer Fläche von weit über 2,5 Millionen Quadratkilometern – das entspricht etwa einem Drittel der Fläche Gesamtaustraliens oder siebenmal der Größe Deutschlands – leben gerade einmal 1,6 Millionen Menschen.

Vorhergehende Abbildungen:

97 **Kurz nur bricht die abendliche Sonne durch die dunklen Wolken einer Gewitterfront und taucht die Landschaft des Stirling Range National Parks in ein unwirkliches Licht. Die Straße läuft direkt auf den Bluff Knoll zu, den höchsten Gipfel der Stirling Range.**

98–100 **Botaniker und Pflanzenfreunde aus aller Welt zieht es alljährlich zur Wildblumenblüte in das botanische Wunderland Westaustralien. Besonders reichhaltig ist die Flora im Stirling Range Nationalpark, mit Raritäten wie der Albany Banksi (Banksia coccinea) mit ihren großartigen, roten Blütenständen. Die gelben Blütenhäuschen gehören zu einer Wattle, Mitglied der mit 800 Spezies zu den größten Pflanzenfamilien Australiens zählenden Akazien. Nur auf die Südwestecke Westaustraliens beschränkt ist der silberblättrige Grass Tree (Kingia australis). Nach Buschbränden bildet die Pflanze regelmäßig Blüten aus, die an Paukenschlegel erinnern.**

101/102 **Als höchster Gipfel der Stirling Range gilt der Bluff Knoll als eines der nobelsten Ziele für Wanderer. Der Aufstiegsweg umgeht die steilen Nordabstürze des Berges und führt über die Graslandschaft der flachen Südabdachung auf den einen herrlichen Panoramablick gewährenden Kulminationspunkt des Parks. An klaren Tagen kann man von seinem Gipfel aus den Brandungssaum der etwa 60 Kilometer entfernten Küste erkennen.**

Eine Million davon bevölkern die Hauptstadt *Perth*.

Von den Europäern erst spät erforscht, erwischte der riesige Bundesstaat wirtschaftlich einen langsamen Start. Größtes Hindernis bei der Entwicklung Westaustraliens waren die enormen Ausmaße des Landes, seine klimatische und geografische Struktur. Topografisch gesehen ist das Land zweigeteilt, in das große westaustralische Plateau mit Höhen zwischen 300 und 600 Metern und den schmalen, bis 60 Kilometer breiten Küstenstreifen, der das Plateau säumt. Die Küstenlinie Westaustraliens hat eine Länge von 12500 Kilometern.

Während der *Norden* des Landes im Bereich des Monsuns liegt und von ausgeprägten Trocken- und Regenzeiten geprägt ist, weist der *mittlere Teil*, der zwei Drittel der Gesamtfläche einnimmt, wüstenhaftes Klima mit unregelmäßigen Niederschlägen (unter 250 Millimeter im Jahr) auf. Der *Süden* schließlich ist mit einem mediterranen Klima gesegnet.

Der erste Wirtschaftsboom fand in den Jahren 1885 bis 1895 statt, als man reiche *Goldvorkommen* in Westaustralien entdeckte. Auch heute noch sind es die enormen Rohstoffreserven, die die Wirtschaft des Landes antreiben. Eisen, Nickel, Gold, Bauxit und seit noch nicht allzulanger Zeit Öl, Erdgas und Diamanten begründen den Reichtum des Landes. Heute weist Westaustralien das größte Wirtschafts- und Bevölkerungswachstum aller Bundesstaaten des Fünften Kontinents auf. Neben dem Bergbau sind der Fischfang sowie die Land- und Forstwirtschaft die wichtigsten wirtschaftlichen Stützen Westaustraliens.

Auch touristisch ist Westaustralien ein »Spätzünder«. Mit seinen faszinierenden, menschenleeren Landschaften und zahlreichen Sehenswürdigkeiten ist der Bundesstaat auf der touristischen Landkarte noch nicht sehr lange präsent. Fremdenverkehr wird erst seit wenigen Jahren intensiv gefördert, aber langsam spricht sich herum, daß der große Bundesstaat am Indischen Oze-

Information

Anreise: Dreh- und Angelpunkt für Reisen in und nach Westaustralien ist die Hauptstadt Perth, die über einen internationalen Flughafen verfügt. Mehrere internationale Fluglinien bieten von Deutschland aus gute Verbindungen in die Stadt am Swan River an. Von hier sind Flugverbindungen zu allen wichtigen australischen Städten möglich.

Unterkunft: Die Millionenstadt Perth besitzt zahlreiche Hotels und Motels aller Preiskategorien. Die feinsten Adressen, wie z.B. das Hyatt Regency, Tel. 09/2251234, oder das Perth Parkroyal, Tel. 09/3253811, findet man direkt in der City. Preislich günstiger sind das Wenthworth Plaza, Tel. 09/4811000, und das Grand Central Private Hotel, Tel. 09/3255638.

an viel zu bieten hat. Gerade hier kann man noch das »echte« Australien entdecken und erleben. Große Gebiete des Landes sind zudem als Nationalparks geschützt und mausern sich langsam zu Touristenattraktionen.

Stirling Range National Park

Blumenwunder im Südwesten

Tief im Süden des riesigen Bundeslandes Westaustralien, dort, wo man es eigentlich gar nicht mehr erwarten würde, erheben sich ohne Übergang die *Stirling Range* mit ihren steilen Gipfeln wie eine zerklüftete Insel aus den Weiten der landwirtschaftlich intensiv genutzten Küstenebenen. Die Millionenstadt *Perth* liegt etwa 380 Kilometer nordwestlich des Gebirgszuges, das Küstenstädtchen *Albany* dagegen ist nur noch 64 Kilometer entfernt, also praktisch in Sichtweite. An klaren Tagen erkennt man von den Höhen der Gipfel die Südküste Westaustraliens.

Benannt wurde der Gebirgszug zu Ehren von *Captain James Stirling*, des ersten Gouverneurs Westaustraliens. Der gleichnamige Nationalpark schützt heute ein Gebiet von 115671 Hektar, umfaßt steile, zerklüftete Berggestalten, unzugängliche Geröllhänge, Sandebenen, weites Buschland und eine Kette von kleinen Seen im äußersten Südosten des Reservats. Fünf Gipfel ragen über 1000 Meter auf, oft eingehüllt in Nebel, und im Winter zaubert gelegentlicher Schneefall einen weißen Zuckerguß auf die Höhen der Stirling Range. Kumulationspunkt des Gebirges ist mit 1073 Metern der mächtige, nach Nordwesten hin steil abbrechende *Bluff Knoll*.

Die Annäherung an den Park, sei es vom Süden, also von *Albany* über die *Chester Pass Road*, oder von *Perth* erst über den *Albany Highway* und dann ab *Cranebrook* auf der zum Teil unbefestigten *Salt River Road*, ist bereits Teil der Dramaturgie. Kaum ein Besucher wird sich dem Erstaunen entziehen können, wenn plötzlich am Horizont über den endlosen Feldern der Region seltsame, unwirklich erscheinende Berggestalten, Sägezähnen nicht unähnlich, emporwachsen.

Geologie der Stirling Range

Die markanten Berge der Stirling Range stellen den verwitterten Rest einer einstmals mächtigen Sedimentdecke dar, die sich über Jahrmillionen in einem flachen Meer gebildet hatte. Beweise für diese erstaunliche Transformation vom Meeresboden zum zerklüfteten Gebirge finden sich an vielen Stellen des Parks. Im Gipfelbereich des steilen *Toolbrunup Peak* zum Beispiel sind die Rippelmarken des ehemaligen Meeresbodens erkennbar, als hübsches Muster verewigt in den harten Gesteinsplatten.

Schließlich zog sich das Wasser des Flachmeeres langsam zurück und das Land versank in einer flachen Mulde. Während das umliegende Land also der Erosion ausgesetzt war und die mächtigen Sedimentschichten bis auf den granitenen Untergrund verschwanden, überstanden die Sedimentgesteine der heutigen Stirling Range dem nagenden Zahn der Zeit. Erst als sich das Land zu heben begann, setzte der Verwitterungsprozeß ein, der das Antlitz der Berge gestaltete. Flüsse schnitten tiefe Täler in das weiche Gestein, Wind und Wetter zersetzten den Fels zu sandigem Boden, schufen die steilen Berge, deren Kanten und Ecken sich im Laufe der Jahrmillionen zum Teil wieder abschliffen; zahlreiche Berge weisen heute runde, domartige Formen auf. Vor 28 Millionen Jahren stieg der Meeresspiegel dann wieder an, die flachen Küstenebenen versanken erneut im Wasser, und die Gipfel der Stirling Range verwandelten sich in Inseln. Schließlich zog sich das Meer nach drei Millionen Jahren zurück und das Gebirge sowie die umliegenden Ebenen tauchten wieder aus dem Wasser auf.

103/104 Wenig beachtet im Schatten des bekannten Besuchermagnets »The Pinnacles« liegt der übrige Teil des Nambung National Parks. Dabei bildet die wilde Küste des Schutzgebietes eine Attraktion für sich. Im Frühjahr verwandeln sich die überwachsenen Dünen in ein Blütenmeer. Ein weiteres, vernachläßigtes Kleinod des Parks ist der Lake Thetis. Der brackige Binnensee gilt als einer der wenigen Orte auf der Welt, an dem man lebende Stromatolithen, eine primitive, steinharte Höcker bildende Lebensform, sehen kann.

Folgende Abbildung:

105 Den Faltentwurf der Erdgeschichte in leuchtenden Farben und aus nächster Nähe erleben kann man in der Tiefe der Hamersley Gorge am Nordwestrand des Karijini National Parks. Ein kurzer, aber steiler Pfad führt hinunter zu diesem geologischen Lehrstück. Das Schluchterlebnis wird noch vertieft durch ein Bad im kühlen Wasser des Fortescue River South, dessen glasklares Wasser auch zu Dürrezeiten nie versiegt.

Information

Auskünfte: Department of Conservation and Land Management, Chester Pass Road, c/o P. O. Amelup via Borden 6338, Tel. 089/279230 oder 279278. Im Park gibt es kein Visitor Centre.

Reisezeit: Der Park ist ganzjährig geöffnet. Die beste Zeit für einen Besuch ist der Spätfrühling und der Frühsommer, zur Blütezeit der Wildblumen. Dann sind die Tage warm und die Nächte mild. Die Winter in der Stirling Range sind feucht und kalt, Schneefälle in den höheren Lagen nichts Ungewöhnliches. Auch im Frühjahr kann es gelegentlich noch zu Kälteeinbrüchen kommen.

Unterkunft: Außer Camping gibt es keine Übernachtungsmöglichkeiten im Park. Motels und Hotels findet man in Cranebrook und im über 60 Kilometer entfernten Küstenstädtchen Albany.

Camping: Im Park selbst gibt es nur einen Campingplatz, nämlich die Moingup Springs Camping Area an der Chester Pass Road. Für diesen einfachen Campingplatz ist ein Permit notwendig. Voll ausgestattet ist dagegen der Stirling Range Caravan Park an der Chester Pass Road knapp außerhalb des Parks.

Aktivitäten: Neben der Pflanzenwelt gilt das Interesse der meisten Besucher den Wanderungen im Park. Die schönsten Touren führen auf den Bluff Knoll (4 Std. hin und zurück), Toolbrunup Peak (4 Std. hin und zurück), Mt. Trio (2 bis 3 Std. hin und zurück) und auf den Mt. Hassell (2 bis 3 Std. hin und zurück).

Eine botanische Wunderwelt

Es war während dieser langen Periode, in der nur die höchsten Gipfel der Stirling Range aus dem Meer aufragten, als der Grundstock für das größte Wunder des Nationalparks gelegt wurde – die außergewöhnliche Vielfalt an seltenen und ungewöhnlichen Pflanzen. Die lange Zeit der Isolation ermöglichte es, daß sich neue Pflanzenarten bildeten. Zur Zeit der Wildblumenblüte im Spätfrühling und Frühsommer, also von September bis Dezember, schlägt das Herz eines botanisch interessierten Besuchers höher. Dabei ist es nicht die schiere Masse an blühenden Blumen, Büschen und Bäumen, die fasziniert, sondern die erstaunliche Artenvielfalt und die gerade für europäische Augen ungewöhnlichen Ausprägungsformen, die den Park in dieser Zeit zum Mekka für Botaniker machen. Mehr als tausend Arten von Blütenpflanzen wurden bisher in dem botanischen Wunderland der Stirling Range identifiziert, sechzig davon findet man nur hier im begrenzten Bereich des Nationalparks. Die Bandbreite der Blütenpflanzen reicht von winzigen *Orchideen* – 44 Arten wurden im Park registriert –, deren betörende Schönheit sich oft erst bei einem Blick durch das Vergrößerungsglas offenbart, bis hin zu blühenden *Eukalypten*.

Botanisch interessierte Besucher, und das sollte man beim Besuch des Nationalparks auf alle Fälle sein, werden zur richtigen Jahreszeit ihr ganz persönliches Pflanzenparadies am besten entlang dem *Stirling Range Drive* finden. Diese ungeteerte Straße schlängelt sich durch das Zentrum des mit einem dichten Vegetationspelz überzogenen Gebirges, durchquert weite Senken und windet sich um Bergstöcke herum. Am Straßenrand erschließt sich eine wahre Wunderwelt an blühenden Pflanzen.

Besonders intensiv erleben wird man die Natur der Stirling Range auf den Wanderungen und Bergtouren im Park – die Bereitschaft zu dieser schweißtreibenden Tätigkeit auf schmalen, steinigen Pfaden und eine gewisse Fitneß vorausgesetzt. Vom *Stirling Range Drive* zum Beispiel zweigen mehrere kurze Wege ab, mit den Bergen *Mondurup Peak, Mt. Magog* oder *Mt. Hassell* als Ziel. Die Ausgangspunkte der Wege auf die zwei schönsten und lohnendsten Berge, den steilen Kegel des *Toolbrunup Peak* und das Felsmassiv des *Bluff Knoll*, erreicht man dagegen über kurze Stichstraßen von der *Chester Pass Road*.

Karijini National Park

Das rote Herz der Pilbara

Selbst in dem an Naturschönheiten so reichen Westaustralien stellt der *Karijini National Park* tief im Herzen der *Pilbara-Region* eine Ausnahmeerscheinung dar. Die herbe, strenge Schönheit der trockenen und kargen Landschaft hinterläßt einen tiefen Eindruck der Zeitlosigkeit. Wer sich auf den roten Staubstraßen durch die uralte Landschaft des Parks bewegt, wird vor allem die phantastischen Farben in Erinnerung behalten: das intensive, manchmal fast schon ins Schwarz übergehende Rot des Gesteins, den tiefblauen Himmel, über den weiße Thermikwolken segeln, das schimmernde Gold des allgegenwärtigen *Spinifexgrases*, die leuchtendweißen Baumstämme der knorrigen *Snappy Gum-Bäume*, das üppige Grün an den Wasserstellen.

Die Nordwestecke des Australischen Kontinents stellt eine der ältesten Landformen der Erde dar. Während andere Teile Australiens dramatische Änderungen erlebten, ist die Felsmasse der *Hamersley Range* seit über 600 Millionen Jahren praktisch unverändert geblieben. Die jüngsten Gesteine im Park sind zwischen 600 und 1000 Millionen Jahre alt. Auffällig ist der enorme Reichtum an *Eisenerz*. Die Entstehung dieser metallführenden Sedimente liegt 2500 Millionen Jahre zurück, als sich Eisen und Kieselerde am Grund eines urzeitlichen Ozeans ablagerten. Diese Schichten wurden wiederum von anderen Sedimenten überdeckt. Deren Gewicht preßte das eingeschlossene

106 Die charakteristischen, weißstämmigen Snappy Gums, eine knorrige Eukalyptusart, goldenes Spinifexgras und rote Termitenhügel prägen die weiten Steppenlandschaften des Karijini National Parks.

107 Eine völlig andere Welt präsentiert sich dem Besucher in den schattigen Schluchten der Hamersley Range. Hier klammert sich eine Felsenfeige an das eisenhaltige Gestein der Weano Gorge.

Information

Auskünfte: Karijini National Park, P. O. Box 29, Tom Price, WA 6751, Tel. 091/898157; Pilbara Regional Office, Department of Conservation and Land Management, SGIO Building, Welcome Road, P. O. Box 835, Karratha, WA 6714.

Reisezeit: Der Park ist das ganze Jahr über geöffnet. Die beste Besuchszeit ist im Winter und Frühling. Dann sind die Tage warm und klar, nachts muß man allerdings mit tiefen Temperaturen, im Extremfall sogar mit Frost rechnen. Im Sommer wird es sehr heiß im Park. Temperaturen über 40° C sind dann keine Seltenheit. Die völlig unberechenbaren Niederschläge fallen in dieser Jahreszeit, meist begleitet von heftigen Gewittern oder gelegentlich sogar ausgelöst durch einen tropischen Wirbelsturm.

Unterkünfte: Im Park selbst gibt es (außer auf den Campingplätzen) keine Übernachtungsmöglichkeiten. Nächstgelegene Orte sind die Asbeststadt Wittenoom und die Eisenstadt Tom Price. Beide Orte bieten eine ganze Palette von Unterkünften an.

Camping: Camping ist nur an den drei ausgewiesenen Plätzen Weano Camping Area, Joffre Camping Area und Fortescue Camping Area erlaubt. Die Plätze sind mit einfachen Toiletten, Gasgrills und Holztischen ausgerüstet. Wasser gibt es hier nicht.

Aktivitäten: Die Hauptaktivität im Park ist Wandern. Auf zahlreichen beschilderten und markierten Wegen können die Schluchten im Nordteil des Parks erkundet werden.

Touren: Die Firma Snappy Gum Safaris aus Karratha hat sich auf Touren im Park spezialisiert. Informationen unter Tel. 091/851278.

Wasser aus den Erzlagern und verwandelte diese langsam in Gestein. An vielen Stellen im Park, vor allem in den Schluchten am Rande des Plateaus der Hamersley Range, kann man die eisenhaltigen Bänder im Gestein gut erkennen, und die knapp außerhalb des Parks gelegene Eisenerzmine Mt. Tom Price gilt als die größte der Erde.

Die Schluchten

Ein Großteil des riesigen Nationalparks – mit einer Fläche von mehr als 600000 Hektar stellt er die zweitgrößte Schutzzone des Staates dar – ist als Wildnisgebiet (*»wilderness area«*) ausgewiesen und weder durch Straßen noch Wege erschlossen. Nur der nördliche Bereich des Parks ist durch Staubstraßen zugänglich gemacht worden. Landschaftliche Höhepunkte stellen am Plateaurand die zahlreichen Schluchten dar. Bis zu hundert Meter tiefe Klammen und Canyons, durch Flüsse in das Gestein gesägt, haben sich hier im Lauf der Jahrmillionen gebildet. In den Tiefen vieler Canyons fließt das ganze Jahr über Wasser; Pflanzen und Tiere finden in den geschützten Schluchten einen idealen Lebensraum. Farne und Moose gedeihen in feuchten Felsnischen, Frösche und Fische bevölkern die Wasserbecken, Vögel lärmen durch die Waldoasen aus großen *Papierrindenbäumen, Flußeukalypten* und vereinzelten *Palmen. Reptilien* wie *Pythons* machen Jagd auf Fledermäuse und Vögel, zahlreiche Echsen finden Nahrung im Überfluß, scheue und seltene *Felsenwallabys* verbergen sich in den Klüften und Hohlräumen der Felswände.

Im Park unterwegs

Einen ersten, überwältigenden Einblick in die verborgene Welt der Schluchten bekommt man in der Hamersley Gorge. Eine kurze, ungeteerte Stichstraße führt von der Nanutarra Wittenoom Road zum Ausgangspunkt des steilen Abstiegs, der von der trockenen, heißen Hügelwelt in eine phantastische Szenerie führt. Vor allem geologisch interessierte Besucher kommen beim Anblick der hier aufgeschlossenen Gesteinsfalten auf ihre Kosten. Vergleichbar einem von Titanenhand durchgekneteten Blätterteig, liegen in der Schlucht die bunten, oft nur wenige Zentimeter dicken Sedimentschichten bloß. Dominierende Farbe der Gesteine ist Rot, und so bildete dieser Faltenwurf der Erdgeschichte einen herrlichen Kontrast zum Grün der Pflanzen und dem Glitzern des Wassers in den tiefen Pools.

Den Zugang zu den abgelegeneren Schluchten bildet die Hamersley Mt. Price Road. Von dieser Straße wiederum zweigt die Joffre Road ab, die gleich ein ganzes System an solch engen Tälern erschließt. Berühmt ist der Felsbalkon des Oxers Lookout. Vier Einschnitte, Joffre Gorge, Hancock Gorge, Weano Gorge und Red Gorge treffen hier zusammen. Einen intimen Einblick in die kühle Welt der Schluchten vermittelt insbesondere eine Wanderung in die klammartige Weano Gorge. Über einen kurzen und steilen Abstieg taucht man in das Halbdunkel des engen Tals ein. Über eine mit Seil gesicherte Steilstufe klettert man zum mit Wasser gefüllten Becken des Handrail Pools hinunter. Abenteuerlustige, klettergewandte Wanderer können der engen Klamm weiter bis zu einem Steilabbruch folgen. Die nahe Knox Gorge erlebt man dagegen am besten von drei Aussichtspunkten aus, die durch einen kurzen Wanderweg miteinander verbunden sind. Die vom Oxers Lookout nicht einmal 25 Kilometer entfernte Kalamina Gorge dagegen ist vergleichsweise zahm und bietet auf einer dreistündigen Wanderung einen hervorragenden Einblick in die Welt der Schluchten des Karijini National Parks. Ziel des Weges ist der Rock Arch Pool mit einem großartigen Felsentor.

Der landschaftliche Höhepunkt des Parks ist für viele Besucher die Dales Gorge, erreichbar über die Dales Gorge Road. Der Gorge Rim Walk zwischen dem Circular Pool Lookout und dem Dales Gorge Parkplatz sowie die Fortsetzung, der Callitris Track zum Fortescue Falls Parkplatz, vermittelt atemberaubende Tiefblicke in die Schlucht. Für die vielleicht schönste Unternehmung im Park, den Abstieg zu den ständig fließenden Fortescue Falls und die Wanderung am Schluchtgrund zum dunklen, von Farnen eingerahmten Felsbecken des Circular Pool, sollte man sich einen ganzen Tag Zeit nehmen.

Purunululu (Bungle Bungle) National Park

Dome, Kuppeln und Pagoden

Der Purunululu National Park in den östlichen Kimberleys – besser bekannt als Bungle Bungle National Park – hat eine erstaunliche Karriere hinter sich. Die Landschaft, die der Nationalpark heute schützt, wurde erst 1982 eher zufällig bei Filmaufnahmen vom Helikopter aus für die australische Allgemeinheit entdeckt. Bereits fünf Jahre später wurde hier ein Nationalpark eingerichtet, der sich in kürzester Zeit zu einem der bekanntesten Schutzgebiete Westaustraliens entwickelte. Viel dazu beigetragen hat die geradezu bizarre, scheinbar nicht zu diesem Planeten passende Landschaft der Bungle Bungle Range. Tausende von gerundeten und gestreiften *Sandsteinkuppeln* erheben sich hier über die mit *Spinifexgras* bewachsene Sandebene, enge Schluchten öffnen Tore in das Innere dieser Steinwelt, an den rotleuchten-

108 Nachmittagslicht fällt in das Schluchtende der Frog Hole Gorge im Purunululu National Park. In diesem natürlichen Felsenamphitheater wachsen die endemischen Livistona-Palmen. In der Regenzeit stürzt ein gewaltiger Wasserfall von den Höhen des Bungle Bungle Massivs in die Schlucht und macht jede Annäherung unmöglich.

Folgende Abbildung:

109 Erst aus der Vogelperspektive bekommt man einen Überblick über die bizarre Landschaft der Bungle Bungle. Da der größte Teil des Purunululu National Parks unzugängliche Wildnis ist, bietet ein Helikopterflug oft die einzige Möglichkeit, dieses Naturwunder aus Stein zu erleben.

den Felswänden klammern sich Palmen.

Entstehungsgeschichte

Das Massiv der Bungle Bungle Range hat seinen Ursprung im Zeitalter des Devons, vor 350 Millionen Jahren. Flüsse und Bäche schwemmten nach und nach Sand und Geröll in das Gebiet des heutigen Nationalparks. Diese Ablagerungen verfestigten sich langsam zu Sandstein und Konglomerat. Später wurde das ganze Gebiet durch tektonische Bewegungen angehoben. Im Laufe der Jahrmillionen schufen dann die heftigen Niederschläge während der Regenzeiten jene bizarren Felsformen und Schluchten, die heute jeden Besucher faszinieren. Ein zweites bedeutendes Ereignis fand vor etwa 250 Millionen Jahren statt. Ein großer Meteorit schlug damals auf dem durch Hebung entstandenen Massiv ein und schuf einen Krater von zehn Kilometer Durchmesser. Dieser Einschlagskrater ist allerdings längst erodiert; alles, was man heute noch von dem Meteoritentreffer erkennen kann, ist eine kreisähnliche Struktur auf dem Plateau.

Besichtigungen

Der Großteil des abgelegenen Parks besteht aus unzugänglicher Fels- und Steppenwildnis, die ihre Geheimnisse geschickt vor dem Besucher verbirgt. Die touristische Infrastruktur im Park ist eher dürftig. Wie bei keinem anderen australischen Nationalpark bestimmen deshalb Hubschrauberrundflüge über die Bungle Bungle Range die Besucheraktivitäten. Denn gerade aus der Vogelperspektive bekommt man den besten Eindruck von der Größe und Wildheit des zerklüfteten Sandsteinmassivs, kann in Ecken des Parks vordringen, die zu Fuß nur sehr schwer oder überhaupt nicht erreichbar wären, bekommt Einblicke in die dunklen Abgründe der Schluchten, staunt über die ungeheure Ansammlung bienenkorbartiger Sandsteindome, bei deren Anblick man sich in eine Welt versetzt fühlt, die der Phantasie eines Science-Fiction-Autors entstanden sein könnte. Kein Wunder also, daß viermal mehr Besucher den Park aus der Luft erleben als solche, die mit Allrad und Wanderstiefeln in die Steinwelt der Bungle Bungle Range eindringen.

Wer sich allerdings auf den beschwerlichen Weg in den Park macht, wird für seine Mühen mehr als belohnt. Das Abenteuer beginnt bereits mit dem *Spring Creek Track*, der 53 Kilometer langen Zufahrtspiste, die 250 Kilometer südlich von *Kununurra* vom *Great Northern Highway* abzweigt. Die Strecke gleicht eher einer Achterbahn als einer Straße. Sie ist nur mit Allradfahrzeugen zu bewältigen, und auch versierte Fahrer müssen für die Strecke zweieinhalb Stunden einplanen. Diese Anfahrt durch die zeitlose Landschaft aus weichen Hügeln, erodierten Gebirgsriegeln und spärlich bewachsener Steppe ist Teil der Annäherung, der erste Akt einer naturgegebenen Dramaturgie. Die Abgelegenheit der Bungle Bungle Range wird so spürbar, das lange Schlummern in der Unbekanntheit verständlich. Kommt dann der Felsriegel des plateauartigen Gebirgszuges mit seinen Felsfluchten in Sicht, sind die Erwartungen hochgespannt. Doch die Schauseite der wilden Felsenlandschaft – die Dome, Pagoden und Kuppeln – liegt auf der dem Besucher abgewandten Westseite.

Bei *Three Ways* gabelt sich die Zufahrtspiste. Die *nach links abzweigende Route* hat die Nordspitze des Massivs mit ihren wenigen erschlossenen Sehenswürdigkeiten zum Ziel. Ein kurzer Weg führt dort entlang einem ausgetrockneten Bachbett in eine von himmelhohen Wänden eingezwängte schattige Klamm, die *Echidna Chasm*. Nicht weit davon entfernt kann eine weitere Schlucht erkundet werden, die *Froghole Gorge*. Über hohe Wände stürzt hier in der Regenzeit ein Wasserfall in das Felsrund der Schlucht und bildet ein tiefes Becken, in dem sich das Wasser noch Wochen nach dem Ende des Monsuns hält. In beiden Schluchten wachsen die endemischen *Livistona-Palmen*, an die Wände klammern sich *Felsfeigen*.

Die *nach rechts abzweigende Piste* dagegen führt in einem weiten Bogen um die Bungle Bungle Range herum und nähert sich dann von Süden dem Massiv. Hier nun ist man in dem Gebiet der bekannten und oft fotografierten Felskuppeln. Ziel der Piste ist der Parkplatz am *Piccaninny Creek*. Hier startet eine Wanderung entlang dem Bachbett in die *Piccaninny Gorge*. Die Wanderzeit in die gewaltige Schlucht ist mit achtzehn(!) Stunden angegeben. Kürzer ist der Weg in die *Cathedral Gorge*, deren Ende von einem riesigen, domartigen Überhang geprägt wird.

110/111 Zu Fuß unterwegs im Windjana Gorge National Park: Während außerhalb der Schlucht meterhohes Gras die Landschaft prägt, bildet im Schutz der Windjana Gorge tropischer Wald einen grünen Saum entlang der permanenten Wasserpools des Lennard Rivers. Besonders auffällig sind hier die mächtigen Papierrinden-Bäume.

Information

Auskünfte: Kununurra Visitor Centre, P. O. Box 446, Kununurra, WA 6743, Tel. 091/681177; Halls Creek Information Centre, Halls Creek, WA 6770, Tel. 091/686087.
Reisezeit: Trockenes Monsunklima prägt das Wetter im Park. Der größte Teil der Niederschläge fällt zwischen November und März. Da die Piste nach starken Regenfällen schnell unpassierbar wird, bleibt der Park in diesen Monaten geschlossen.
Unterkünfte: Im Park findet man außer den Zeltplätzen keine Unterkünfte.
Camping: Im Park gibt es zwei einfache Campingplätze, Bellburn Camp (Toiletten, kein Trinkwasser) und Kurrajong Camp (Toiletten, Trinkwasser).
Aktivitäten: Wandern, Fotografieren, Hubschrauber-Rundflüge (Tel. 091/681811).
Touren: Die Firma Kimberley Wilderness Adventures (Tel. 091/681711) aus Kununurra führt regelmäßig mehrtägige Touren in den Nationalpark durch. Übernachtet wird in einem festen Zeltcamp, das die Firma im Park errichtet hat.

Northern Territory

Der drittgrößte der australischen Bundesstaaten zerfällt in zwei Regionen, die unterschiedlicher kaum sein können.
Der ans Meer angrenzende tropische Norden mit der Hauptstadt Darwin, der unter Einfluß des Monsuns steht, wartet mit üppiger Vegetation auf und kontrastiert mit dem wüstenhaften Landesinneren, in welchem Alice Springs die wichtigste Ansiedlung darstellt.
Stellvertretend für diese beiden Klimazonen stehen auch die beiden bekanntesten Naturreservate nicht nur dieses Bundesstaates, sondern ganz Australiens: der Kakadu National Park im Norden, das flächenmäßig größte Reservat des gesamten Kontinents und von der UNESCO zum »Welterbe der Menschheit« erklärt, und im äußersten Süden der Uluru-Kata Tjuta National Park mit den Olgas und dem gewaltigen Monolithen des Ayers Rock.

113 | 114

115 | 116

117 | 118

119 ▷

Vorhergehende Abbildungen:

112 Ubirr, in der äußersten Nordostecke des Kakadu National Parks gelegen, bietet eine der großartigsten Sammlungen an Felsmalereien der Aborigines des gesamten Schutzgebiets.

113 Von den Sandsteinfelsen von Ubirr geht der Blick hinaus über die weiten Überschwemmungsebenen des East Alligator Rivers.

114 Darstellung des gefährlichen und furchteinflößenden Dämons Nabulwinjbulwinj findet man im Kakadu National Park.

115 Ubirr: Verwitterte Sandsteinfelsen mit den golden glänzenden Büscheln des stacheligen Spinifex-Grases.

116 Seerosen bedecken die Oberfläche des Anbangbang Billabongs nahe Nourlangie.

117 Meterhohe Termitenbauten dominieren die Ebenen im Litchfield National Park.

118 Wasser, selbst während der Trokkenzeit im Überfluß vorhanden, stellt – wie hier am Buley Rockhole – eine der größten Attraktionen des Litchfield National Parks dar.

119 Cycads bilden oberhalb der Tolmer Falls im Litchfield National Park ausgedehnte Bestände.

Tropen und Wüste – Kontraste pur

Denkt man an Outback, an Staubstraßen in roter Unendlichkeit, an das »wahre« Australien, dann denkt man vermutlich an das Northern Territory. Das riesige Land – es steht flächenmäßig an dritter Stelle nach Westaustralien und Queensland – entspricht so ganz und gar den gängigen Klischeevorstellungen vom »Fünften Kontinent«. Geografisch läßt sich das Northern Territory zweiteilen: in den *tropischen Nordteil* mit der Hauptstadt Darwin und in das *wüstenhafte Land* um die Stadt Alice Springs – jene Region, die oft als das »rote Zentrum« Australiens bezeichnet wird. Während der Norden im Bereich des Monsuns liegt, herrscht im Inneren Wüstenklima vor. Ein Großteil des 1346200 Quadratkilometer umfassenden Landes ist arid oder semiarid: Spinifex-Savannen, Sand- und Steinwüsten, erodierte Gebirgszüge prägen die Landschaft. Nur im Norden findet man üppige Vegetation. Kein Wunder also, daß dieses abweisende, extreme Land äußerst dünn bevölkert ist. Lediglich ein Prozent der australischen Gesamtbevölkerung lebt im Northern Territory, das entspricht einer Populationsdichte von 0,12 Einwohnern pro Quadratkilometer. Vor der Ankunft der Weißen lebten etwa 35000 Aborigines im Northern Territory. Auch heute noch ist hier der Anteil der Ureinwohner größer als in allen anderen Bundesstaaten, und 34 Prozent der Landesfläche ist als sogenannter *»Aboriginal Land Trust«* ausgewiesen und wird von der Urbevölkerung selbst kontrolliert.

Wirtschaftlich steht das Northern Territory auf zwei Standbeinen, dem Bergbau – Bauxit, Mangan, Uran und Gold – und dem wachsenden Tourismus. Dabei konzentrieren sich die Aktivitäten auf die zwei wichtigsten Orte des Landes, Darwin und Alice Springs. Mit den beiden Weltparks Kakadu National Park und Uluru-Kata Tjuta National Park beherbergt der Bundesstaat zwei der größten touristischen Zugpferde des gesamten Inselkontinents auf seinem Gebiet. Keine Australienreise gilt als vollständig, ohne den Ayers Rock zumindest gesehen und dem Kakadu National Park einen Besuch abgestattet zu haben.

Kakadu National Park

Das Land des Crocodile Dundee

Als der Schauspieler *Paul Hogan* in dem erfolgreichen australischen Kinofilm *»Crocodile Dundee«* augenzwinkernd australische Lebensart einem weltweiten Publikum vorführte, brachte er dem »Fünften Kontinent« einen grandiosen Public Relation-Erfolg.

Vorhergehende Abbildung:

120 Sonnenaufgang auf dem Ayers Rock: Für die meisten Besucher des Uluru-Kata Tjuta National Parks gehört die Besteigung des mächtigen Monolithen zum Höhepunkt ihres Aufenthalts.

121 Wo in der Trockenzeit nur ein schwarzer Wasserstreifen die Felswand markiert, stürzen in der Regenzeit gewaltige Wassermassen über die Abbruchkante des Arnhem Land Plateaus und bilden die beeindruckenden Jim Jim Falls. Dieser Teil des Kakadu National Parks ist dann von der Außenwelt abgeschnitten.

Information

Anreise: Mehrere internationale Fluglinien haben Darwin auf ihren Flugplänen. Die Hauptstadt des Northern Territory wird zudem von jeder größeren australischen Stadt aus angeflogen. Alice Springs hat keinen internationalen Flughafen, aber beste Flugverbindungen zu allen wichtigen australischen Städten.

Unterkunft: Darwin ist touristischer Anfangs- und Endpunkt aller Unternehmungen im Norden des Territoriums. Dementsprechend vielseitig ist das Angebot an Hotels, Motels und Pensionen. An der Esplanade gelegen ist die Darwin Travelodge, Tel. 089/815388, als erste Adresse in der Stadt gilt das Beaufort International Hotel, Tel. 089/829911.
Alice Springs dominiert das touristische Geschehen im roten Zentrum und bildet den Ausgangspunkt für alle Touren zu den Nationalparks des Outback. Die Auswahl an Hotels und Motels ist deshalb entsprechend groß. Empfehlenswert ist das Oasis Frontier Resort, Tel. 089/521444, erstklassig das Sheraton Alice Springs, Tel. 089/528000.

Und er hob den Kakadu National Park, der den fotogenen exotischen Rahmen der Geschichte bildete, in das Bewußtsein zahlloser Menschen. Eigentlich aber hätte dieses Reservat der Superlative den werbeträchtigen Erfolg als Filmkulisse gar nicht nötig gehabt. Allein die Fakten sprechen für sich: Der größte Nationalpark Australiens – er umfaßt 20000 Quadratkilometer – gilt als eines der wichtigsten Feuchtgebiete der Erde und bildet mit seinen riesigen Überschwemmungsflächen ein einzigartiges Rückzugsgebiet für Zug- und Wasservögel. Der Tier- und Pflanzenreichtum des tropischen Parks im Norden Australiens ist berühmt, seine internationale Reputation verdankt er aber vor allem seiner kulturellen Bedeutung. Nirgendwo in Australien finden sich mehr Felsmalereien der Aborigines als hier. Wegen seiner außergewöhnlichen Natur und seines herausragenden kulturellen Wertes wurde der Park 1987 von der UNESCO zum *»Weltpark«* erklärt und in die Liste des *»Erbes der Menschheit«* aufgenommen.

Die Topografie des Parks

Der Kakadu National Park ist das einzige Gebiet auf dieser Erde, in dem ein tropisches Flußsystem von den Quellen bis hin zur Mündung ins Meer einschließlich des Einzugsgebietes vollständig geschützt ist. Der South Alligator River mit seinen Zuflüssen durchquert sämtliche Regionen – fünf unterschiedliche topografische Zonen – des Parks, die sich in sich in fünf unterschiedliche Regionen unterteilen lassen. Weit ab der üblichen Touristenrouten erhebt sich die zeitlose Landschaft des Arnhem Land Plateaus. Das mächtige Sandsteinplateau bildet eine menschenleere, unzugängliche Steinwelt, die von Spalten, Schluchten und Rinnen durchzogen ist. Der nährstoffarme Boden des felsigen Plateaus ermöglicht nur Pflanzengemeinden, die in ähnlicher Ausprägung in ariden Gebieten vorkommen, ein Überleben. Hauptsächlich Gräser, darunter das anspruchslose *Spinifex*, und Buschwerk finden in der harschen Umgebung der Hochfläche ein Auskommen. Nur in den tiefen Rissen, Spalten und Schluchten, die das Sandsteinplateau durchziehen, gedeihen Palmen, Schraubenpalmen, Moose, Farne sogar Orchideen und andere Regenwaldpflanzen. Auf den Höhen des Plateaus haben die meisten Quellflüsse, die später die mächtigen Ströme bilden, ihren Ursprung. Wenn sich während der Regenzeit die Schleusen des Himmels öffnen, rinnt das Wasser über den Fels schnell ab und stürzt in mächtigen Wasserfällen über die Abbruchkanten des Plateaus, das sogenannte Escarpment, in die Tiefe. Hier, am Fuß der Hochebene, beginnt das *Waldland*. Endlose *Eukalyptuswälder* überziehen die trockenen Hügel und Höhenzüge und schaffen eine auf den ersten Blick eintönige Landschaft. Doch der Eindruck täuscht. Es handelt sich hier um eines der artenreichsten Waldgebiete Australiens.

Eine eigenständige topografische Region stellen die Southern Hills im Süden des Nationalparks dar. Die Landschaft wird aus steinigen Hügeln und Granitketten gebildet und stellt ein wichtiges Einzugsgebiet für den South Alligator River dar. Außergewöhnlich sind hier die Fauna und Flora. Vertreter des feuchten Nordens sind ebenso ansässig wie Pflanzen und Tiere aus dem wüstenhaften Inneren Australiens. Das Areal bildet ein wichtiges Rückzugsgebiet für seltene oder gefährdete Arten.

Das Waldland geht nun in die Wetlands, die ausgedehnten Feuchtgebiete, über. Die Fließgeschwindigkeit der Gewässer nimmt ab, der inzwischen mächtig gewordene South Alligator River windet sich nun in weiten Mäandern Richtung Meer. *Mangroven* und Schlickflächen zeigen an, daß die Flüsse bereits bis zu achtzig Kilometer vom Meer entfernt vom Salzwasser beeinflußt werden. In der Regenzeit verwandelt sich die Ebene in einen mehrere hundert Quadratkilometer großen See. In dieser amphibischen Landschaft kommt es dann zu einer wahren Explosion des Tier- und Pflanzenlebens.

Dort, wo sich die Flüsse in den Van Demian Gulf ergießen, liegt die letzte topografische Zone des Parks, der Küstensaum. *Küsten-Monsunregenwälder*, Relikte aus einer feuchteren Zeit, *Mangrovenwälder*, die eine wichtige Brutstätte für Fische bilden, und Sandinseln, wie die als Nestplatz der *Seeschildkröten* wichtige Field Island, bilden das abgelegene und nicht erschlossene Ende des Kakadu National Parks.

Information

Auskünfte: Kakadu National Park, P. O. Box 71, Jabiru, NT 0886, Tel. 089/381100; Australien Nature Conservation Agency, G. P. O. Box 1260, Darwin, NT 0801, Tel. 089/815299.
Reisezeit: Der Park ist das ganze Jahr über geöffnet. Die meisten Besucher bereisen den Park in der Trockenzeit zwischen Mai und September. In der Regenzeit (November bis März) sind die Bewegungsmöglichkeiten im Park stark eingeschränkt und das Klima schwülheiß. Kenner bezeichnen diese Jahreszeit aber als die schönste.
Unterkunft: Übernachtungsmöglichkeiten im Park bieten das Gagudju Crocodile Hotel (Tel. 089/792800), die Gagudju Cooinda Lodge (Tel. 089/790145), das Kakadu Holiday Village (Tel. 089/790166) und die Kakadu Frontier Lodge (Tel. 089/792422).
Camping: Zeltplätze mit Duschen und Toiletten sind bei Merl, Mardugal, Muirella und Gunlom eingerichtet worden.
Aktivitäten: Wandern, Tierbeobachtungen, Fotografie, Rundflüge, Fischen.
Touren: Neben von Rangern geleiteten Wanderungen bieten zahlreiche Unternehmen von Darwin und Jabiru aus Touren in den Park an, z. B. Rundflüge mit Kakadu Air (Tel. 089/792411) oder eine Flußfahrt mit East Alligator River Cruise (Tel. 089/792411).

122/123 Um die Schluchten des Katherine Rivers im Nitmiluk National Park zu erkunden, gibt es zwei Möglichkeiten: Entweder schließt man sich einer geführten Bootstour an, oder man nimmt das Paddel selbst in die Hand und dringt aus eigener Kraft in die faszinierende Schluchtenlandschaft ein.

Aborigines

Das Gebiet des Kakadu National Parks ist uraltes Aboriginal-Land. Wann die ersten Menschen hier im Norden des Kontinents auftauchten, ist nicht eindeutig belegt. Man geht aber davon aus, daß die Aborigines vor etwa 50000 Jahren Australien erreichten. Von frühester Zeit an hinterließen die Menschen im späteren Kakadu National Park Felsmalereien, die die Jahrtausende überstanden. Das genaue Alter dieser Wandbilder läßt sich allerdings nicht feststellen. Man geht heute davon aus, daß die ältesten Malereien mindestens 23000 Jahre alt sind, vermutlich sogar 35000 Jahre. Das würde bedeuten, daß sie die ältesten Kunstwerke der Menscheit und Zeugen einer der ältesten Kulturen überhaupt darstellten. Ungefähr 7000 Fundplätze dokumentieren im Park die Kultur der Aborigines über einen Zeitraum von Tausenden von Jahren hinweg, und die Tradition der Felsmalerei dauert nach wie vor an. Ursprünglich bewohnten Aborigines von nicht weniger als dreißig Clans mit unterschiedlichen Sprachen das Gebiet, das heute als Kakadu bekannt ist. Die *Bunity* und ihre benachbarten Clans, die am Westufer des East Alligator Rivers lebten, sprachen *Gagudju*. Als Weiße begannen, das Gebiet zu besiedeln, wurde Gagudju zur Hauptsprache der Urbevölkerung in der Region. Heute ist diese Sprache, aus deren Namen die Bezeichnung *Kakadu* entstand, ausgestorben.

Die Tierwelt des Parks

Klima, Nahrungsangebot und Vegetation bestimmen die Fauna im Park. Aufgrund der harten klimatischen Bedingungen in der lebensfeindlichen Steinwelt des Arnhem Land Plateaus findet man dort außer dem scheuen *Kurzohr-Felsenwallaby* keine größeren Säugetiere. *Ringtail-Possums, Northern Quoll, Sugar Glider* und *Fledermäuse* leben in den Schluchten und Canyons des zerklüfteten Sandsteinmassivs. Unterhalb des Plateaus ist der Lebensraum völlig anders. Hier verstecken sich so seltene Tiere wie der *Hoodet Parrot*, der in aufgelassenen Termitenbauten nistet, oder der farbenprächtige, vom Aussterben bedrohte *Gouldian Finch*. Daß die Tierwelt Kakadus immer noch Überraschungen bereithält, beweisen zwei erst kürzlich in den Waldhügeln entdeckte Tierarten, die *Calabys Mouse* und der *Kakadu Dunnart*. Die Feuchtgebiete, Wasserläufe und Überschwemmungsebenen dagegen sind fest in der Hand der Vögel. *Magpie-Gänse, Kraniche* und *Schwarzkopf-Störche, Pelikane, Enten* und *Reiher* kommen in großer Zahl vor, von den zahllosen kleineren Wasservögeln ganz zu schweigen. *Seeadler* und andere große Raubvögel patrouillieren im Luftraum. Die Lagunen und Billabongs sind äußerst fischreich. Ein Viertel aller Süßwasserfischarten Australiens, darunter der begehrte *Barramundi*, leben im Park. Hier finden auch *Schildkröten* wie die seltene *Pig-nose Turtle* ein sicheres Rückzugsgebiet. Und natürlich bevölkern neben zahlreichen anderen Reptilien auch die gefürchteten *Salzwasserkrokodile* und die als ungefährlich geltenden *Süßwasserkrokodile* das Reservat.

124/125 Nur auf einem organisierten Bootsausflug läßt sich die amphibische Landschaft der Feuchtgebiete von Yellow Water im Kakadu National Park erkunden. Die großartige Landschaft, die überaus reichhaltige Vogelwelt und die gelegentlichen Salzwasserkrokodile am Ufer lassen diese Tour zu einem Fest für Fotografen werden.

Im Park unterwegs

Um den riesigen Kakadu National Park mit all seinen landschaftlichen Facetten richtig kennenzulernen, müßte man mehrere Wochen veranschlagen. Aber auch bei einem Kurzbesuch ist es durchaus möglich, einen Überblick über die vielfältige Natur und Kultur des Reservats zu bekommen. Zwei Straßen durchziehen den riesigen Nationalpark, von denen aus auf Abstechern die wichtigsten Sehenswürdigkeiten erreicht werden können. Von Darwin kommend benützt man den durchgehend geteerten Arnhem Highway, der zur im Park gelegenen Uranstadt Jabiru führt. Von der Parkgrenze über die Northern Entrance Station führt die Straße durch trockenes Wald- und Buschland. Erst im Bereich des Kakadu Holiday Village ändert sich die Landschaft. Hinter dem Feriendorf breitet sich ein *Monsunwald* aus, der auf dem 3,6 Kilometer langen Gungarre Walk erkundet werden kann. Kurz nach dem Feriendorf überquert der Highway den hier bereits mächtigen South Alligator River. In der Nähe der Brücke legen die Boote der *Kakadu Spirit River Cruises* ab. Nur sieben Kilometer nach dem Fluß zweigt die kurze Stichstraße nach Mamukala ab. Schon vom Parkplatz aus hört man das Geschnatter unzähliger Wasservögel, deren geschäftiges Treiben man von zwei Beobachtungsständen aus in aller Ruhe bewundern kann. Nicht ganz dreißig Kilometer weiter, bereits kurz vor Jabiru, zweigt die Zufahrtsstraße nach Ubirr, einer der bedeutendsten Kunststätten des Parks, ab. Einige der *Felszeichnungen* hier sind vermutlich bis zu 20000 Jahre alt, die jüngsten stammen aus dem Jahr 1985. Unter den verschiedenen Stilarten der Felszeichnungen sind besonders die im sogenannten *Röntgenstil* gezeichneten Tiere bemerkenswert. Sie scheinen deren Skelettstrukturen darzustellen.

Die zweite Hauptstraße im Park, der Kakadu Highway, führt von Süden durch den Park nach Jabiru. Weite Strecken des Kakadu Highways sind nach wie vor Staubstraße und erfordern – vor allem, wenn man mit einem normalen PKW unterwegs ist – besondere Aufmerksamkeit. Die erste Abzweigung vom Highway führt über eine stellenweise recht rauhe Piste nach Gunlom. Der Waterfall Creek stürzt hier über die Abbruchkante des Plateaus in einen malerischen, fischreichen Teich, der zum Schwimmen geradezu herausfordert. Ein kurzer Weg führt zu schönen Felspools oberhalb des Wasserfalls. Zur nächsten Seitenstraße sind es dann über vierzig Kilometer. Vor allem während der Hitze des Tages ist die *Barramundi Gorge (Maguk)*, die über eine zwölf Kilometer lange Allradpiste und nach einer kurzen Wanderung erreicht wird, ein kleines Paradies. Hier kann man sich in den kühlen Fluten des *Barramundi Creeks* tummeln, der über einen Wasserfall in einen tiefen, fischreichen Teich stürzt. Tropische Vegetation macht das Tal zur Oase, und gelegentlich sieht man hier den *Rainbow Pitta*, einen farbenprächtigen, etwa amselgroßen Vogel. Darüber hinaus erschließt ein Wanderweg oberhalb des Felsabsturzes versteckte Felsbecken und Pools.

Der *Kakadu Highway* führt nun direkt in das Zentrum des Parks und erreicht mit *Yellow Water* einen touristischen und landschaftlichen Höhepunkt. Die große Lagune, ein Teil des *Jim Jim Creek*, ermöglicht einen phantastischen Einblick in die Welt der Feuchtgebiete. Auf geführten Bootstouren – am schönsten ist die erste Fahrt des Tages bei Sonnenaufgang – dringt man in eine amphibische Welt aus Wasserläufen und Kanälen ein. Krokodile und eine kaum zu überblickende Zahl an Wasservögeln können garantiert werden.

Abenteuerliche Naturen, die mit einem Allradfahrzeug ausgerüstet sind, sollten die sechzig Kilometer lange Schotterstraße, die auf den letzten zehn Kilometern besondere Vorsicht verlangt, nicht scheuen und einen Abstecher zu den *Jim Jim Falls* einplanen. In der Regenzeit stürzen hier die Wassermassen des *Jim Jim Creek* über die Plateaukante in eine tiefe Schlucht. Obwohl das Wasser in der Trockenzeit – und nur dann ist die Schlucht erreichbar – nicht fließt, entschädigt die grandiose Umgebung für die Mühen. Das untere Ende der Fälle kann auf einer kurzen Wanderung erreicht werden.

Ein weiterer Höhepunkt des Parks wartet 32 Kilometer von der Abzweigung zu den *Jim Jim Falls* entfernt auf die Besucher: *Nourlangie Rock*, eine wichtige archäologische Stätte mit großartigen *Felsmalereien* der Aborigines. Auf einem anderthalb Kilometer langen Rundweg taucht man in die Vergangenheit der australischen Ureinwohner ein.

Kurz vor der Einmündung des *Kakadu Highway* in den *Arnhem Highway* liegt das neu errichtet *Visitor Centre*. In hervorragend gestalteten Ausstellungen und Diashows bekommt man einen guten Überblick über den außergewöhnlichen Park.

Litchfield National Park

Termiten, Tropenwälder, Wasserfälle

Auf dem Deckblatt einer Karte des *Litchfield National Parks* ist das glasklare, sprudelnde Wasser des *Florence Creeks* zu sehen. Eingerahmt von tropischem Grün, rauscht der Bach über Felsstufen und weckt die Assoziation eines erfrischenden Bades. Mit diesem Bild wird die Quintessenz des tropischen Parks im Norden Australiens eingefangen. Denn die größte Attraktion des Litchfield National Parks ist der große, nie versiegende Reichtum an Wasser. Das ganze Jahr über rauschen im Park muntere Bäche durch üppige Monsun-Regenwälder, stürzen Wasserfälle über Felskanten in tiefe Schluchten und bilden große Becken, die zu einem erfrischenden kühlen Bad locken. Dann lassen sich die tropische Hitze und die hohe Luftfeuchtigkeit schnell vergessen.

Im Schatten des großen Bruders

Vor ein paar Jahren noch fristete der etwa einhundert Kilometer südwestlich von *Darwin* gelegene Nationalpark ein wenig beachtetes Dasein im Schatten des berühmten Kakadu National Parks. Das hat sich inzwischen gründlich geändert, und für viele Wildnisfreunde ist der überschaubare und wasserreiche Litchfield National Park zu einer echten Alternative – wenn auch nicht vergleichbar – zum recht überlaufenen Touristenmagneten Kakadu National Park geworden! Im Gegensatz zu diesem weltbekannten Reservat ist der Litchfield National Park ein Schutzgebiet der leisen Töne, der stillen Attraktionen, dessen Reiz eben darin liegt, nicht eine der Top-Attraktionen des Northern Territory zu sein.

Topografisch ist der Park recht einfach strukturiert. Kernstück ist das bewaldete *Sandsteinplateau* der *Tabletop Range*, das sich über tropischem Waldland erhebt. Im Bereich dieses Plateaus, vor allem an den steil abfallenden Rändern, konzentrieren sich alle wichtigen Sehenswürdigkeiten des Reservats. Erschlossen werden sie durch die *Litchfield Park Road*. Der Rest des Schutzgebietes bleibt als weglose Wildnis den meisten Besuchern vorenthalten.

Information

Auskünfte: The Conservation Commission of the Northern Territory, First Floor, Gaymark Building, P. O. Box 496, Palmerston, NT 0831, Tel. 089/894559.
Reisezeit: Obwohl der Park das ganze Jahr über geöffnet ist, kommt es während der Regenzeit (November bis April) immer wieder zu Überflutungen in den tiefer gelegenen Bereichen, und der Zugang kann für Wochen unmöglich werden. Bevor man in dieser Zeit zu einem Besuch des Parks aufbricht, sollte man deshalb den Straßenzustand bei der Northern Territory Police (Tel. 089/223394) erfragen.
Unterkünfte: Im Park selbst gibt es, abgesehen von den Campingplätzen, keine Unterkünfte. Motels gibt es in dem nahen Ort Batchelor.
Camping: Einfache Zeltplätze finden sich bei Wangi und Florence Falls sowie am Buley Rockhole und den Tjaynera Falls.
Aktivitäten: Wandern, Schwimmen.

126 Die Barramundi Gorge im Süden des riesigen Kakadu National Parks ist auf einem nur für Allrad-Fahrzeuge befahrbaren Abstecher vom Kakadu Highway aus zu erreichen. Zahlreiche vom Barramundi Creek geschaffene Felsbassins bieten einen erfrischenden Zufluchtsort vor der Hitze des Tages.

Die Litchfield Park Road

Die Litchfield Park Road durchzieht den nördlichen Teil des Parks in einem großen Bogen, überwindet die Hochfläche der Tabletop Range und steigt dann wieder ins Flachland ab. Sie bildet die touristische Lebensader, von der aus alle bekannten Sehenswürdigkeiten auf Abstechern zu erleben sind. Mit dem ersten Stopp, noch bevor die Straße das Plateau erklimmt, bekommt man gleich eine der Besonderheiten des Parks zu sehen. Auf einer baumlosen Ebene stehen zahlreiche Bauten der sogenannten *Magnetic Termites*. Der Name ist irreführend. Die Vorstellung, daß die Termiten einen eingebauten Kompaß besäßen, kommt daher, weil alle der keilförmigen, an Grabsteine erinnernden Termitenbauten exakt von Nord nach Süd ausgerichtet sind. Heute geht man davon aus, daß die Tiere mit dieser Nord-Süd-Orientierung die Temperatur im Bau regulieren können. So scheint die Morgensonne auf die breite Ostseite und sorgt für eine rasche Erwärmung, während zur Mittagszeit, wenn die Sonne am Zenit steht, nur ein kleiner Teil des Baus bestrahlt wird. Am Parkplatz an den Termitenbauten informieren Tafeln und Schaubilder über die Natur und Geschichte des Schutzgebietes.

Nur wenige Kilometer später zweigt die ebenfalls geteerte Stichstraße zu den Florence Falls ab. Einen kurzen Abstecher zum Buley Rockhole auf dem Weg dorthin sollte man auf jeden Fall unternehmen. Der glasklare Florence Creek stürzt in einem kleinen Tal etwas abseits der Straße über mehrere Felsstufen, bildet Kaskaden und wunderschöne Felsbecken, die ein kühlendes Refugium vor der Tropenhitze darstellen.

Nicht weit von hier bietet dann der Bach noch einmal ein Naturschauspiel: die Florence Falls. An der Ostkante des Tabletop Plateaus stürzt das Wasser über einen roten Felsabbruch in einen großen, von Monsun-Regenwald gesäumten Teich. Zugänglich ist dieses paradiesische Kleinod über zwei kurze Wanderwege, und kaum ein Besucher kann sich den Lockungen des kühlen Wassers entziehen.

Auf dem Plateau der Tabletop Range

Zurück auf der Litchfield Park Road führt diese nun auf die bewaldete Hochfläche der Tabletop Range, und nach vier Kilometern zweigt die Zufahrtsstraße zur Lost City ab, einer der wenigen Sehenswürdigkeiten im Park, die nichts mit Wasser zu tun hat. Hier geht es nur noch mit Allradfahrzeugen weiter. Die achtzehn Kilometer lange Piste zu den bizarr verwitterten Sandsteinsäulen und -türmen der »verlorenen Stadt« ist extrem ruppig und verlangt auch mit geländegängigen Fahrzeugen Fingerspitzengefühl vom Fahrer. Man muß die abenteuerliche Annäherung an die steinerne Stadt als Teil des Erlebnisses sehen. Von der Weiterfahrt von den Felsformationen der Lost City zu Blyth Homestead sollte man allerdings Abstand nehmen. Dieser Abschnitt der »Straße« ist auch für australische Verhältnisse ziemlich abenteuerlich. Das historische Farmhaus hat zudem einen einfacheren Zugang.

Die zweite Sehenswürdigkeit auf dem Plateau bildet ein paar Kilometer weiter der Tabletop Swamp. In einer Senke des Plateaus bildet sich zur Regenzeit ein Teich, dessen Wasser während der Trockenzeit langsam in dem Sandstein des Plateaus versickert. Übrig bleibt dann nur ein von Papierrindenbäumen umstandener Sumpf, der mit seinem Nahrungsangebot eine ganze Reihe von Wasservögeln anlockt, darunter den *Kingfischer*, die *Magpie-Gänse* und *Reiher*. Für Vogelfreunde ist der Tabletop Swamp deshalb immer eine sichere ornithologische Adresse.

Mit dem *Abstieg* der Litchfield Park Road vom Tabletop Plateau beginnen sich die Abstecher zu häufen. Etwa auf halber Höhe führt eine Stichstraße an den Rand der Felsabstürze zu den Tolmer Falls. Ein Wasserfall stürzt über die Felskante in ein tiefes Becken am Ende einer engen Schlucht. Ein kurzer Rundweg führt zu Aussichtspunkten, von denen aus Einblicke in die Schlucht gewonnen werden können. Auf Schautafeln wird die Vegetation entlang des Weges erklärt. Auffälligste Pflanze ist eine palmenähnliche *Cycadia*-Art, die nur hier vorkommt.

Die Schlucht selbst wurde zur Schutzzone erklärt und darf nicht betreten werden. In Höhlen und Grotten nisten verschiedene *Fledermausarten*, die empfindlich auf Störung reagieren.

In weiten Kurven windet sich die Straße nun in die Ebene hinaus. Am Greenant Creek bekommt man gute Einblicke in ein üppiges, von einem munteren Bach durchflossenes Stück Monsun-Regenwald, und ein Wanderweg führt zu den versteckt gelegenen Tjaetaba Falls. Kurz darauf zweigt in Richtung Süden eine nur für Allradfahrzeuge befahrbare Piste von der Hauptstraße ab. Sie bildet den einfachen Zugang zur 1992 errichteten Blyth Homestead und zu den Tjaynera Falls (Sandy Creek Falls). Aber auch auf dieser Piste ist ein Allradfahrzeug notwendig. Hinter der restaurierten Homestead sind noch die Spuren eines *Zinnbergwerks* zu sehen. Nun ist man nicht mehr weit von den Wangi Falls entfernt, der Hauptattraktion des Parks. Der große Teich unterhalb des Wasserfalls ist besonders populär und dementsprechend überlaufen. Abstand zu den Besuchern bekommt man hier auf einem Rundwanderweg, der durch Monsunregenwälder zur Kante des Wasserfalls hinaufführt.

Ab der Abzweigung zu den Wangi Falls geht die gut ausgebaute Teerstraße der Lichfield Park Road in eine

127 Die Tjaynera Falls am südwestlichen Absturz der Tabletop Range im Litchfield National Park bilden eine versteckte, von Monsun-Regenwald umstandene Oase. Nur wenige Besucher unterziehen sich der Mühe einer Allrad-Anfahrt und einer anschließenden Wanderung zu diesem stillen, tropischen Kleinod.

unbefestigte Piste über. Für kurze Zeit verläßt die Staubstraße den Park, führt über Privatland, um dann wieder in das Reservat einzudringen. Die letzten beiden Sehenswürdigkeiten sind der Walker Creek und die Ruinen der Bamboo Creek Tin Mine in der äußersten Nordwestecke des Schutzgebietes.

Watarrka National Park

Riesenspalte im roten Sandstein

Der Eingang der gewaltigen Schlucht – mehr Canyon als Tal – ist weit geöffnet. Verstreut liegen mächtige Gesteinsbrocken am Grunde des Tals, große Bäume wachsen im trockenen Bachbett des King Creek. Doch nicht weit von dem einladenden Portal entfernt zieht die Schlucht in einem sanften Bogen nach Osten und zeigt nun ein anderes Gesicht: rechts ragt die *Südwand* über 200 Meter hoch auf – unnatürlich glatt, wie mit dem Messer geschnitten, abweisend; der Gedanke an eine Besteigung kommt erst gar nicht auf. Gegenüber droht die *Nordwand* des Canyons – weit überhängend, stärker strukturiert, mit absturzbereiten Felsbalkonen. Dort, wo beide Felswände trichterförmig zusammenlaufen, beendet eine unüberwindbare Steilstufe diesen Teil der Schlucht. Die Fortsetzung findet ein Stockwerk höher statt. Im rechten Winkel zum bisherigen Verlauf zieht der Canyon als tiefe Spalte in den roten Sandstein des verwitterten Gebirges hinein.

Geologie

In der zeitlosen, sonnendurchglühten Landschaft Zentral-Australiens versteckt sich eines der größten Wunder des Outbacks: der Kings Canyon, die tiefste und beeindruckendste Schlucht des roten Zentrums Australiens. Der gewaltige Canyon mit seinen versteckten Geheimnissen inmitten der kargen Steinwelt der Gorge Gill Range bildet die größte Sehenswürdigkeit im Watarrka National Park.

Quarzitreicher Sandstein ist das prägende Gestein der Gorge Gill Range – entstanden aus Sanden, die sich vor etwa 350 Millionen Jahren am Grund eines flachen Meeres ablagerten. Dann hob sich das Land – der Gebirgszug der heutigen Gorge Gill Range bildete sich. Bei diesem Hebevorgang entstanden zahllose Risse und Fugen, die sich gitterartig durch den Gesteinskörper zogen. Sie bildeten Ansatzpunkte für Wind und Wetter. Ergebnis der jahrmillionenlangen Feinarbeit der Erosion sind die Sehenswürdigkeiten von heute: ein Meer aus seltsam gerundeten, an Bienenkörbe erinnernden Sandsteindomen, die das Plateau bedecken. Im Bereich des Kings Canyon werden die Gesteinsgebilde Lost City, »vergessene Stadt«, genannt.

Auch die Südwand des Canyons folgte einer dieser tiefen Spalten im Gestein. Dies erklärt die ungewöhnliche Glattheit der kompakten Wand. Der Kings Canyon selbst entstand dann durch Verwitterung von weicherem Sandstein in der Tiefe. Das unterminierte, härtere Gestein der darüberliegenden Schichten auf der Nordseite brach nach, und die Schlucht erweiterte sich immer mehr. Die Geologie des Gebirges birgt auch den Grund für die permanenten Wasserstellen im Park in sich. Die oberste Schicht der Sedimente, der sogenannte *Mereenie Sandstein*, ist porös und saugt das Wasser der unregelmäßigen Niederschläge wie ein gigantischer Schwamm auf. In der Tiefe, über einer dünnen, undurchlässigen Lage *Tonschiefer*, bildet sich der Grundwasserspiegel. Dieses im Gestein gespeicherte Wasser tritt an verschiedenen Stellen der Gorge Gill Range ans Tageslicht und bildet in der wüstenhaften Region ständig fließende Quellen und Tümpel.

Geschichte

Die ersten Weißen, die das gewaltige Naturmonument des Kings Canyon zu sehen bekamen, waren die Mitglieder einer Expedition des Forschers *Ernest Giles* im Jahre 1872. Den in der Gegend lebenden *Aborigines*, dem Volk der *Luritja*, waren die gewaltige Schlucht und die Wasserstellen an der Basis der Gorge Gill Range natürlich längst bekannt. Die Luritja bewohnten das Gebiet bereits seit etwa 22 000 Jahren und durchstreiften vor der Ankunft der Weißen als nomadisierende Jäger und Sammler die Gegend. Heute lebt diese Urbevölkerung in drei kleinen Siedlungen innerhalb des Parks, ganz in der Nähe für sie wichtiger, heiliger

128 Unangefochtener Mittelpunkt des Watarrka National Parks in Zentralaustralien ist die gewaltige Schlucht des Kings Canyon, dessen gewaltige überhängende Nordwände hier im Abendlicht leuchten. Die beeindruckende Schlucht in der Gorge Gill Range ist durch einen lohnenden Rundwanderweg erschlossen.

Folgende Abbildung:

129 »Lost City« nennen sich die bienenkorbförmigen Sandsteinkuppeln oberhalb des Kings Canyon. Im Vordergrund sind die Rippelmarken eines flachen, längst vergangenen Meeres zu erkennen, in dem sich die Sedimente, die heute die Gorge Gill Range bilden, abgelagert haben.

Information

Auskünfte: Conservation Commision of the NT, P. O. Box 1046, Alice Springs, NT 0871, Tel. 089/518211.
Reisezeit: Das Gebiet des Parks gilt als Halbwüste, Regenfälle sind selten und völlig unvorhersehbar. Im Sommer wird es sehr heiß, die Winter sind mild mit gelegentlich frostigen Nächten. Neben dem Winter sind die Übergangszeiten für den Outback-Park die beste Reisezeit.
Unterkunft: Die neu errichtete Frontier Kings Canyon Lodge bietet die einzige Übernachtungsmöglichkeit im Park, Tel. 008/891101.
Camping: Der Kings Canyon Lodge angegliedert ist ein Campingplatz mit allen sanitären Einrichtungen und einem Swimming Pool.
Aktivitäten: Wandern.
Touren: Zahlreiche Unternehmen bieten von Alice Springs aus Touren in den Park an.

Stätten. An der Verwaltung des Wüstenparks ist sie beteiligt, ihre Stimme hat im *Park Management Committee* Gewicht.

Obwohl die Gorge Gill Range bereits relativ früh entdeckt wurde und bereits 22 Jahre nach der Auffindung des Areals durch *Ernest Giles* die durchziehende *Horn-Expedition* den dortigen Reichtum an Pflanzen und Tieren erkannte, blieb das Gebiet bis 1960 praktisch unerforscht. Ende des 19. Jahrhunderts wurde dann in der Gegend mit der Viehhaltung begonnen, und 1889 grasten über 6000 Rinder auf dem Gebiet des heutigen Nationalparks. Die Folge waren die Verschmutzung der Wasserstellen und ein großer Schaden an den zum Teil seltenen Pflanzen. Erst als der damalige Besitzer der ehemaligen *Wallara Ranch* eine Piste durch den Busch legte und damit den Zugang zu diesem abgelegenen Gebirgszug erleichterte, begann die wissenschaftliche Bestandsaufnahme des Gebietes. Bei einer großangelegten systematischen Untersuchung im Jahre 1981 registrierte man 572 Pflanzenarten, darunter über sechzig seltene sogenannte Reliktpflanzen aus einer Epoche mit einem wesentlich feuchteren Klima. Sie überlebten die Austrocknung in den schützenden Schluchten der *Gorge Gill Range*. Trotz der nachgewiesenen Schäden wurde die Viehzucht noch bis 1983 weiterbetrieben. In diesem Jahr schließlich wurde ein Gebiet von über 71 000 Hektar zum *Kings Canyon National Park* ernannt. Erst später änderte man den Namen in *Watarrka National Park*.

Im Park unterwegs

Noch vor wenigen Jahren hatte der Besuch des Parks etwas Abenteuerliches an sich. Die damals einzige Zufahrtsstraße war bis auf wenige Kilometer eine rauhe Outbackpiste, touristische Einrichtungen – von einem primitiven Campingplatz ohne sanitäre Einrichtungen einmal abgesehen – fehlten in dem abgelegenen Park. Die Schotterstraße gehört der Vergangenheit an, der *Ernest Giles Drive* ist inzwischen durchgehend geteert, und die *Frontier Kings Canyon Lodge*, nur ein paar Kilometer vom *Kings Canyon* entfernt in den Busch gebaut, bietet heute allen erdenklichen Komfort. Nur die Anfahrt über den erst 1994 eröffneten *Namatjiara Drive*, der von *Alice Springs* aus einen neuen Zugang zum Park schafft, vermittelt noch richtiges Outback-Gefühl. Für die Benutzung dieser Schotterstraße benötigt man ein Permit, da ein Großteil der Strecke über Aborigines-Land führt.

Trotz touristischem Fortschritt, der dem Park zweifelsohne eine große Popularität eingebracht hat, offeriert der *Kings Canyon* nach wie vor atemberaubende Erlebnisse. Denn um dieses Naturwunder zu erleben, muß man sich zu Fuß aufmachen, und wer den *Kings Canyon Walk* nicht erwandert hat, hat den Park nicht erlebt. Auf einer sechs Kilometer langen Rundtour werden alle landschaftlichen Höhepunkte der großen Schlucht berührt. Ein kurzer Steilaufstieg führt vom Parkplatz auf den nördlichen Canyonrand hinauf. Herrliche Tiefblicke in die talähnliche Öffnung der Schlucht würzen diesen Teil. Oben angelangt, dringt man in das Labyrinth der Sandsteinkuppeln ein: die »Lost City« ist erreicht. Ein markierter Abstecher bildet einen Zugang zum Schluchtrand oberhalb der Nordabstürze. Nur absolut Schwindelfreie wagen sich an die ungesicherte Abbruchkante. Der Hauptweg selbst führt über Holztreppen in den oberen, engen Teil der Schlucht hinunter, in den *Garden Eden*. Üppiges Grün umsteht eine Reihe tiefer, wassergefüller Becken und schafft einen urzeitlichen Garten von berückender Schönheit. Auf einem Seitenweg kann man in der Tiefe des Canyons bis zur Abbruchkante in die Hauptschlucht vordringen; ein dunkles Bassin mit kühlem Wasser erfrischt dort die Besucher. Der Hauptweg erklimmt – wieder über Holztreppen – die andere Seite des Canyons und führt in einem weiten Bogen zurück zum Ausgangspunkt.

Uluru-Kata Tjuta National Park

Das rote Zentrum

Die Annäherung an Australiens bekanntestes Naturdenkmal beginnt meist mit einem Irrtum. Etwa 120 Kilometer nach der Abzweigung des *Lasseter Highways* vom *Stuart Highway*

130 Zwei »Wüsteneichen«, eine Kasuarinenart, bildet den Rahmen dieses Blicks zum Ayers Rock. Der mächtige Monolith im Zentrum des Fünften Kontinents hat sich zu einem weltbekannten Wahrzeichen Australiens entwickelt. Der Felsen – er gilt als eines der wichtigsten Heiligtümer der Aborigines – zieht jährlich zahllose Besucher aus aller Welt an.

Information

Auskünfte: Uluru-Kata Tjuta National Park, P. O. Box 119, Yulara, NT 0872, Tel. 089/562299. Eine Broschüre mit einer Karte bekommt man am Parkeingang, weitere Informationen und Auskünfte erteilen die Ranger im Visitor Centre in Yulara und am Ayers Rock.

Reisezeit: Der Park ist ganzjährig geöffnet. Am angenehmsten ist der Aufenthalt im Park in den Monaten Mai bis Oktober. Gelegentlich sinken die Nachttemperaturen im Juli unter den Gefrierpunkt. Im Sommer wird es unerträglich heiß, und Temperaturen über 40 Grad werden nicht selten erreicht.

Unterkunft: Im Park gibt es keine Übernachtungsmöglichkeiten. Alles konzentriert sich auf das außerhalb des Parks aus dem Sand gestampfte Touristendorf Yulara. Zahlreiche Hotels nehmen hier die Besucher auf.

Camping: Ebenfalls in Yulara situiert ist ein riesiger Campingplatz, der 500 Stellplätze umfaßt.

Aktivitäten: Sightseeing, Wandern.

Touren: Es werden regelmäßig von Rangern geführte Wanderungen im Park angeboten. Zahlreiche kommerzielle Unternehmen offerieren ebenfalls eine weite Palette an Touren im Park. Beliebt sind außerdem Helikopter-Rundflüge. Auskünfte über das Tourenangebot erteilt das Ayers Rock Resort Visitor Centre in Yulara, Tel. 089/562240.

wächst ein mächtiger Tafelberg aus der hitzeflimmernden Ödnis Zentralaustraliens auf. Doch die bei den meisten Besuchern hier einsetzende Aufregung ist übereilt: Es handelt sich nicht um den berühmten Monolithen des *Ayers Rock*, sondern um den 863 Meter hohen *Mt. Connor*. Bis zum Ayers Rock und damit zum *Uluru-Kata Tjuta National Park* sind es von dort immer noch einhundert Kilometer!

Den Titel des bekanntesten und meistbesuchten Nationalparks Australiens darf – daran gibt es keine Zweifel – der Uluru-Kata Tjuta National Park im trocken-heißen Zentrum Australiens für sich beanspruchen. Innerhalb seiner Grenzen liegen zwei der bekanntesten Naturmonumente des gesamten Kontinents: die *Olgas (Kata Tjuta)*, eine Ansammlung beeindruckender Felsdome, und natürlich der *Ayers Rock (Uluru)*. Dieser gewaltige rote Felsbuckel, der nahe dem geografischen Zentrum Australiens ohne Vorwarnung aus der endlosen Weite wächst, hat sich zu einem Symbol für den »Fünften Kontinent« entwickelt und schlägt – zumindest was den Bekanntheitsgrad betrifft – sämtliche Sehenswürdigkeiten des Landes. Obwohl nicht der größte Monolith der Erde – diesen Superlativ darf der *Mt. Augusta* in den Weiten Westaustraliens für sich beanspruchen –, prägt der charakteristisch geformte Gesteinsbrocken für viele das landschaftliche Bild Australiens und verschaffte ihm den Stellenwert eines »Wallfahrtsortes«.

Geologie des Parks

Die Entstehung der beiden großartigen Schaustücke des Parks liegt etwa 550 Millionen Jahre zurück, als die kilometerdicken Sedimente des sogenannten *Amadeus-Beckens* zu einem Gebirge hochgedrückt und aufgefaltet wurden. Verwitterung setzte ein, und am Fuß des Gebirges bildeten sich riesige Schuttfächer, aus deren verfestigten Ablagerungen schließlich der *Ayers Rock* und die *Olgas* entstehen sollten. Fest steht heute, daß die beiden Naturmonumente ihren Ursprung in zwei getrennten Schuttfächern haben. Dies erklärt die deutlichen Unterschiede in der Zusammensetzung der Gesteine der beiden Felsburgen. Die mit Sand und Geröll angereicherten Muren, die den »Ayers Rock-Schuttfächer« aufbauten, ergossen sich über einen schwach nach Norden geneigten Hang und erreichten eine Dicke von bis zu 2,5 Kilometern. Das Konglomerat, aus dem die vielköpfigen Olgas aufgebaut sind, war sogar noch mächtiger und vermutlich an die sechs Kilometer dick. Die Größe der Kiesel und Felsen – einige haben einen Durchmesser von bis zu 1,5 Metern – belegen, daß sich dieser Schuttfächer näher an dem Gebirge befand, denn grobes Material lagert sich wegen seines Gewichts früher ab als feiner Kiesel und Sand. Die Bildung der Schuttkegel verebbte, als das Gebirge schließlich verwittert war. Vor etwa 500 Millionen Jahren begann sich in diesem Bereich ein flaches Meer auszubreiten, und im Lauf der Jahrmillionen lagerten sich riesige Mengen an Sand und Schlamm sowie kalkhaltige Sedimente über die Schuttfächer ab. Vor etwa 430 Millionen Jahren zog sich das Meer wieder zurück, und vom Wind verfrachteter Sand begann sich über den Sedimenten aufzutürmen. Unruhige Zeiten begannen dann vor etwa 400 Millionen Jahren, als die Sedimente, darunter die ehemaligen Schuttfächer, gefaltet und hochgedrückt wurden. 300 Millionen Jahre hatte anschließend die Erosion Zeit, die weltbekannten Felsformationen und Touristenmagneten *Ayers Rock* und *Olgas* herauszumodellieren.

Geschichte

Seit Jahrtausenden war die Uluru-Kata Tjuta-Region der Brennpunkt religiöser, kultureller und wirtschaftlicher Beziehungen zwischen den Völkerschaften der *Western Desert*. Das Netzwerk enger Beziehungen verband die Region mit großen Gebieten des Northern Territory, dem Nordwesten Südaustraliens und den zentralen sowie südöstlichen Bereichen Westaustraliens. Seit Jahrtausenden gilt der Ayers Rock für die Ureinwohner Australiens als zentrales Heiligtum. Zahlreiche Details des großen Felsens haben ihre mythologische Bedeutung und gelten den Aborigines als heilige Orte. Sie dürfen weder betreten noch fotografiert werden. Am Ayers Rock treffen zahlreiche Traumpfade der mythologischen Vorfahren zusammen.

Mit der Ankunft der Weißen begann eine weniger friedvolle Zeit für die *Anangu* – wie sich die in der Region ansässigen Aborigines selbst nennen. Bald sahen sie ihr Land von Schafen und Rindern überrannt. Überweidung und zwei Dürrekatastrophen in den dreißiger und fünfziger Jahren zerstörten ihre Nahrungsgrundlagen und zwangen sie, in Missionen, Rinderfarmen und von der Regierung errichteten Siedlungen Zuflucht zu suchen. Trotzdem blieb die starke Bindung zum Land bestehen, die traditionellen Fertigkeiten und Vorstellungen wurden weitergegeben, die Kultur der Anangu blieb lebendig. Nach einem langen Kampf wurde 1985 das Land, auf dem sich der heutige Nationalpark befindet, im Zuge der Landrechtsbewegung *(»land right movement«)* an die Anangu zurückgegeben. Gleichzeitig wurde der Park an *den »Australian National Parks and Wildlife Service«* verpachtet. Seitdem wird das Reservat gemeinsam von Aborigines und Weißen verwaltet. Wegen seiner außergewöhnlichen kulturellen und ökologischen Bedeutung wird der Uluru-Kata Tjuta National Park seit 1987 in der UNESCO-Liste als *»Erbe der Menschheit«* geführt.

Im Park unterwegs

Den einzigen Zugang für Fahrzeuge zu dem abgelegenen Park bildet der durchgehend geteerte, 247 Kilometer lange *Lasseter Highway*, der 202 Kilometer nach *Alice Springs* vom *Stuart*

131 Mit Hilfe einer Eisenkette überwinden Touristen die fugenlose Steilflanke des Ayers Rock. Trotz der Absicherung wird der Aufstieg zum Gipfel des Monolithen oft sträflich unterschätzt – die Folge sind Unfälle, die nicht selten tödlich enden.

132/133 Wesentlich vielgestaltiger als der nahe Felsklotz des Ayers Rock präsentieren sich die über dreißig Felsdome der Olgas, des zweiten Höhepunkts des Uluru-Kata Tjuta National Parks. Das Innere der Olgas wird durch einen Rundweg erschlossen, der das »Valley of the Winds«, ein enges Tal zwischen zwei mächtigen Domen, durchquert.

132 | 133

134 ▷

134 Geologie, Geschichte, Fauna und Flora sind Themen auf den von Rangern geführten Wanderungen im Uluru-Kata Tjuta National Park. Die freundlichen Ranger stehen Rede und Antwort und ermöglichen eine kompetente Einführung in den vielseitigen Nationalpark.

135 | 136

Highway abzweigt und in dem knapp außerhalb des Schutzgebiets gelegenen Touristenresort *Yulara* endet. Nachdem alle touristischen Einrichtungen aus dem Park entfernt wurden, stellt Yulara den Ausgangs-, Dreh- und Angelpunkt für den Besuch des Reservats dar. Yulara ist auch mit dem Flugzeug zu erreichen. Der etwa 10 Kilometer von Yulara entfernte *Connellan Airport* wird regelmäßig von verschiedenen Städten Australiens angeflogen.

Von Yulara aus führt eine Teerstraße in Richtung Park und erreicht nach fünf Kilometern zunächst die *Park Entrance Station*. Dreizehn Kilometer weiter warten die *Ranger Station* und das *Park Visitor Centre* auf die Besucher. Eine ständige Ausstellung vermittelt hier Wissenswertes über den Park und die Aborigines. An die Ranger Station angegliedert ist das *Maruku Arts and Crafts Centre*, wo von Aborigines handgefertigte Gegenstände ausgestellt und zum Verkauf angeboten werden.

Nach einem weiteren Kilometer ist dann die *Ringstraße* um den *Ayers Rock* erreicht. Hält man sich hier links, kommt man als erstes zum Parkplatz am Beginn des Aufstiegswegs *(The Climb)* zum Gipfel der roten Gesteinsburg. Für die Besteigung des 863 Meter hohen Gipfels des *Uluru* sollte man mindestens zwei Stunden (hin und zurück) veranschlagen. Man überwindet dabei einen Höhenunterschied von 348 Metern und eine einfache Strecke von 1,6 Kilometern.

Wer sich die Strapazen des ungeschützten Aufstiegs nicht zumuten will, kann hier zur neun Kilometer langen Umwanderung des Felsens, dem *Uluru Circuit Walk*, aufbrechen. Die etwa vierstündige, landschaftlich sehr reizvolle Wanderung führt an zahlreichen Sehenswürdigkeiten und heiligen Plätzen vorbei. Zu den wichtigsten Attraktionen entlang dem Rundweg, wie zum Beispiel der *Kantju Gorge* oder der *Mutitjulu (Maggie Springs)*, führen auch von der Ringstraße kurze Stichwege.

Höhepunkt für die meisten Parkbesucher ist allerdings das Spektakel des *Sonnenuntergangs* am *Ayers Rock*, das jeden Abend von zahllosen Menschen zelebriert wird. Kaum ein Besucher will sich dieses vielgepriesene Ereignis entgehen lassen. Treffpunkt aller Fotografen, Romantiker und Neugierigen ist dabei die *Sunset Viewing Area*, an der Straße zum Ayers Rock gelegen.

Die Olgas

Etwas weiter, nämlich 51 Kilometer ab *Yulara*, gestaltet sich die Anfahrt zu den *Olgas*. Unterwegs kann man sich an der *Kata Tjuta Viewing Area* die Füße vertreten. Von der Höhe einer überwachsenen Sanddüne aus schweift der Blick über *Spinifexebenen* und großartige Bestände an *Wüsteneichen* zu den beeindruckenden Kuppeln der Olgas hinüber. Kurz nach der Abzweigung der *Docker River Road* weist ein Hinweisschild zur *Sunset Viewing Area*. Von dort aus können die Olgas im Licht des Sonnenuntergangs betrachtet werden. Der Andrang ist hier im Vergleich zum Ayers Rock wesentlich geringer. Ganz in der Nähe beginnt der *Olga Gorge Walks*, ein zwei Kilometer langer Weg, der in die beeindruckende Schlucht zwischen dem 1069 Meter hohen *Mt. Olga* und dem *Nachbargipfel* führt. Der Ausgangspunkt zum *Valley of the Winds Walk* schließlich bildet das Ende der Straße. Auf dieser vielleicht schönsten *Rundwanderung* im Park dringt man in den zentralen Bereich der Olgas ein und durchwandert den engen Einschnitt des *Valley of the Winds*.

135 Nur Frühaufsteher kommen in den Genuß, den Sonnenuntergang über den endlosen Ebenen Zentralaustraliens von dem Gipfel des Ayers Rock aus zu erleben.

136 Eine lohnende Alternative zum anstrengenden und schweißtreibenden Aufstieg auf den Ayers Rock stellt die an Sehenswürdigkeiten so reiche Umrundung des Monolithen dar. Heilige Stätten der Aborigines, Wasserlöcher, interessante Erosionsphänomene und eine ganz spezielle Vegetation lassen die etwa vierstündige Wanderung äußerst kurzweilig werden.

Queensland

Was sich in den letzten fünfundzwanzig Jahren in Queensland wirtschaftlich getan hat, kann ohne Übertreibung als dramatisch beschrieben werden. Australiens zweitgrößter Bundesstaat wandelte sich vom Agrargebiet zu einer dynamischen Industrieregion. Seine beiden wichtigsten Standbeine sind heute Bodenschätze und Tourismus. Kein Land Australiens hat sich so hemmunglos dem Fremdenverkehr verschrieben wie Queensland. Seit Jahren herrscht diesbezüglich wahre Goldgräberstimmung.

Die Voraussetzungen dafür sind günstig. Kein Teil des »Fünften Kontinents« kann dem Besucher so viel bieten wie der »Sunshine State«, so die marketinggerechte Bezeichnung für Queensland. »Australien im kleinen« wäre eine passendere Bezeichnung für den vielseitigen Bundesstaat, der praktisch alle Naturlandschaften dieses Erdteils in sich vereinigt.

Vorhergehende Abbildungen:

137 Luxus im Regenwald: Nobel nächtigt man in dem erst 1994 eröffneten Ferntree Resort am Cape Tribulation. Das Resort wurde ohne größere Eingriffe in den üppigen Regenwald der Region eingefügt. Trotzdem wird die touristische Entwicklung im Cape Tribulation National Park von Umweltschützern mit wachsendem Argwohn betrachtet.

138 Ein Bild, das Sehnsüchte wecken kann: Vor den Hügeln des Magnetic National Parks erstreckt sich der helle Traumstrand der Balding Bay. Das glasklare Wasser der als Marine Park geschützten Bucht ist ideal zum Schwimmen.

◁ 139

139 Bunt gefärbte, verwitterte Sandklippen ziehen sich entlang dem Cathedral Beach im Great Sandy National Park auf Fraser Island.

140 Eines der herausragendsten Naturphänomene auf Fraser Island stellt der Lake Boomanjin dar, dessen Wasser durch Tannin rot gefärbt ist.

141 Wenig Scheu zeigen die Dingos auf Fraser Island. Sie gelten als reinste Rasse in Australien, da sie sich nicht mit Haushunden vermischt haben.

143 | 144

Australien im kleinen

In Queensland, dem anerkannt vielfältigsten der australischen Bundesstaaten, finden sich – von den im Winter schneebedeckten Bergen einmal abgesehen – so ziemlich alle Naturlandschaften des »Fünften Kontinents«: tropischer Regenwald und Feuchtgebiete, das Outback mit trockenen Buschlandschaften, Wüsten, zerklüftete Berge ebenso wie wilde Flüsse, endlose Ebenen und Savannen; und natürlich die Küste und das als *Marine Park* geschütze *Great Barrier Reef* mit seinen artenreichen Riffen und Inseln – nicht nur ein touristischer Superlativ. Kein Wunder also, daß Queensland auch die größte Anzahl an Nationalparks für sich beanspruchen darf. Über 300 Schutzgebiete nennt der Bundesstaat sein eigen – und jährlich kommen neue dazu. Allein in den Jahren 1991 und 1992 wurde die Gesamtfläche der Parks um fast eine Million Hektar erweitert. Auch das Wetter trägt dazu bei, daß der Tourismus boomt. Das subtropisch-tropische Klima macht Queensland zu einer Ganzjahresdestination.

Die politische Geschichte des Staates ist geprägt von Skandalen. Erst 1989 wurde eine langjährige Korruptionsaffäre größten Ausmaßes aufgedeckt, die das Ende des damaligen Premierministers *Joh Bjelke-Petersen* bedeutete. Seine 32 Jahre währende Regierungszeit war geprägt von ungehemmter kommerzieller Erschließung des Landes, Rassismus – vor allem gegenüber den Aborigines –, Chauvinismus und starker Opposition zu Gewerkschaften. In dieser Zeit war die Politik weniger von der Sorge um die als vom Raubbau an der Natur geprägt. Artenreiche *Regenwälder* fielen der Holzindustrie zum Opfer, der *Bergbau* forderte seinen Preis, und intensive Agrarwirtschaft engte den Naturraum immer mehr ein. Eine weitere Gefahr für die vielseitigen ökologischen Strukturen des Landes bedeutete der aufstrebende Tourismus. Erhaltung der Natur und schnelle Erschließung sind immer noch ein kontroverses Thema in Queensland. Inzwischen ist man sich aber des Wertes der außergewöhnlichen Natur bewußt geworden, und eine wache, starke Umweltlobby versucht recht erfolgreich, dem Wildwuchs Einhalt zu gebieten.

Information

Anreise: Queensland besitzt mit Cairns und Brisbane zwei internationale Flughäfen, die von Deutschland aus regelmäßig angeflogen werden. Von hier sind leicht inneraustralische Anschlußflüge zu nahezu allen wichtigen Städten zu bekommen.
Unterkunft: Cairns ist das touristische Zentrum Nordqueenslands und bietet eine kaum mehr zu übersehende Fülle an Hotels, Motels, Resorts und Pensionen an. Nach wie vor entstehen an allen Ecken und Enden Bettenburgen, da seit Jahren die Kapazitäten in der aufstrebenden Touristenregion Far North Queensland ausgelastet sind. Die Palette reicht dabei von der Nobelherberge bis hin zur einfachen Unterkunft für »Backpacker« (Rucksackreisende), die auf den Luxus eines eigenen Zimmers verzichten können und mit Schlafsälen vorliebnehmen. Beliebt ist der Cairns Colonial Club Resort, Tel. 070/535111; erst 1994 eröffnet wurde das Palm Royale etwas außerhalb des Stadtzentrums, Tel. 070/322700. Als erste Adresse gilt das zentral gelegene Radisson Plaza Hotel at the Pier, Tel. 070/311411. Brisbane, die Hauptstadt Queenslands und drittgrößte Stadt Australiens, besitzt ebenfalls ein breitgefächertes Angebot an Hotels und Motels sowie Übernachtungsmöglichkeiten für jeden Geldbeutel. Empfehlenswert sind dabei vor allem das Albert Park Inn, Tel. 07/8313111, das Mayfair Crest International, Tel. 07/2299111, sowie die Brisbane City Travellodge, Tel. 07/2382222.
Informationen: Queensland Tourist & Travel Corporation, Neuhauser Str. 27, 80331 München, Tel. 089/2609693.

Vorhergehende Abbildung:

142 Einer der Gründe, warum die Whitsunday Islands als eines der besten Segelreviere Australiens gelten, sind die zahlreichen sicheren Ankerplätze in tiefen geschützten Fjorden und Buchten – wie der Nara Inlet, ein tiefer Einschnitt in der als Nationalpark geschützten Hook Island.

143 Eine der Charakterpflanzen in den tief gelegenen Regenwäldern des Cape Tribulation National Parks stellt die anmutige Fan Palm (Lucuala Ramsyi) dar.

144 Mangroven bilden einen wichtigen Bestandteil des vielseitigen Ökosystems des Cape Tribulation National Parks. Die bogenförmigen Wurzeln ermöglichen es der Pflanze, bei Ebbe Sauerstoff direkt aus der Luft aufzunehmen.

Cape Tribulation National Park

Wo der Regenwald auf das Riff trifft

Die neben dem großartigen *Barrier Reef* größte Attraktion des tropischen Nordens von Queensland stellt der artenreiche *Regenwald* der Region dar. Etwa 140 Kilometer nördlich des quirligen Touristenmekkas *Cairns*, begrenzt vom *Daintree River* und dem *Bloomfield River*, findet der Urwald Australiens seine vielleicht schönste Ausprägung. Von den Höhen eines steilen, meist wolkenverhangenen *Granitgebirges* – höchster Gipfel ist mit 1375 Metern der *Thornton Peak* – bis hinunter zur *riffgesäumten Küste* mit *Mangrovenwäldern* zieht sich jungfräulicher *Regenwald* mit einem atemberaubenden Artenreichtum. Und das Besondere: Nirgendwo sonst auf der Welt liegen Regenwald und Korallenriff buchstäblich nur wenige Meter auseinander. Diese etwa 17000 Hektar umfassende Region ist seit 1981 als *Cape Tribulation National Park* geschützt und bildet nun einen Teil der zum *»Erbe der Menschheit«* erklärten *»Wet Tropics«*.

Die Region um das *Cape Tribulation* ist eines der regenreichsten Gebiete Australiens. Die Schauer verteilen sich über das ganze Jahr. Während der Regenzeit zwischen Februar und Mai sorgt der Monsun für hohe Niederschlagsmengen, während außerhalb dieser nassen Jahreszeit die vorherrschenden Passatwinde feuchtigkeitsgeladene Wolken gegen die abrupt aus dem Meer aufragende Gebirgskette treiben. Hier steigen die Wolken in kühlere Höhen auf und regnen sich als heftige tropische Schauer ab. Diese kontinuierlichen Niederschläge und die gleichbleibend hohen Temperaturen schaffen ein Treibhausklima, das die Entwicklung des vielleicht artenreichsten Regenwaldes der Erde begünstigte. Einige der am leichtesten zu identifizierenden Regenwaldpflanzen sind die *Fan Palm* mit ihren auffälligen runden Wedeln, die schlanken *Black Palms*, die *Würgerfeige* und das *Lawyer Cane*, eine palmähnliche, dornenreiche Kletterpflanze.

Entstehungsgeschichte

Immer wieder ist der Regenwald in der *Daintree-Region* Schauplatz aufregender botanischer Entdeckungen. So fand man 1971 im Tal des *Noah Creek* Exemplare der primitiven Baumart *Idiospermum australiense*, die bislang nur aus Versteinerungen bekannt war. Zahlreiche andere primitive Blütenpflanzen, Relikte aus fernen Urzeiten, leben in der unzugänglichen Urwaldregion. Inzwischen vermuten einige Wissenschaftler, daß dieser Regenwald der älteste der Erde sein könnte. Die Theorie, daß sich die Urwälder Australiens aus den asiatischen entwickelt hätten, muß vielleicht bald umgeschrieben werden.

Man geht heute davon aus, daß die Bildung des Regenwaldes hier bereits in der Mitte der Kreidezeit, also vor etwa 110 Millionen Jahren, abgeschlossen war – zu einer Zeit, in der das Auseinanderbrechen des Superkontinents *Gondwanaland* noch nicht begonnen hatte. Australien trennte sich erst vor etwa 50 Millionen Jahren von der Antarktis und begann nach Norden zu driften. Dann wurde das Klima trockener, *Eukalypten* und *Akazien* begannen sich aus Urwaldspezien zu entwickeln; der Regenwald zog sich in die Küstenregion zurück – dorthin, wo heute unter anderem der *Cape Tribulation National Park* liegt. Die hohen Berge boten dort dem Regenwald Schutz und garantierten ausreichend Niederschläge. Die *Daintree-Region* bildete somit ein sicheres Refugium für feuchtigkeitsabhängige Pflanzen. Als dann während der letzten 20 Millionen Jahre

145 Nirgendwo im Cape Tribulation National Park läßt sich das Zusammentreffen von Regenwald und Korallenriff besser erleben als am Coconut Beach. Nur ein schmaler Sandstreifen trennt hier die beiden artenreichen, so unterschiedlichen Ökosysteme.

Folgende Abbildungen:

146 Entlang der Straße zum Cape Tribulation hat eine tierfreundliche Familie ein Waisenhaus für Tierkinder eingerichtet. Hier wird ein junges Wallaby, dessen Mutter von einem Auto überfahren wurde, mit einer Flasche aufgepeppelt.

147 Obwohl Teilstrecken inzwischen geteert sind, hat die Zufahrtsstraße zum Cape Tribulation immer noch etwas Abenteuerliches an sich. Auf einer Brücke aus groben Balken überquert man den mächtigen Noah Creek.

148 Gewaltige Baumriesen mit mächtigen Brettwurzeln bilden die Schaustücke des artenreichen Regenwaldes im Cape Tribulation National Park.

149 Von der Felsenspitze des Cape Tribulation blickt man zurück zum palmengesäumten Myall Beach. Dahinter ragen die mit dichtem Regenwald überzogenen Berge der Thornton Range auf.

Information

Auskünfte: Cape Tribulation National Park, P. O. Box 2066, Cairns, QLD 4870, Tel. 070/523096.
Reisezeit: Der Park ist das ganze Jahr über geöffnet; während der Regenzeit zwischen Dezember und März kann es zu Überflutungen kommen. Als beste Reisezeit gelten die Wintermonate.
Unterkunft: Gehobene Unterkunft bieten das Coconut Beach Rainforest Resort, Tel. 070/521311, und das Ferntree Resort, Tel. 070/980000, am Cape Tribulation. Junge Leute bevorzugen dort das Jungle Village, Tel. 070/980040.
Camping: Einen Campingplatz mit allen sanitären Einrichtungen gibt es am Cape Tribulation; hingegen sind die Zeltplätze am Thornton und Noah Beach nur sehr einfach.
Aktivitäten: Wandern, Schwimmen, Reiten, botanische Exkursionen.
Touren: Viele der außergewöhnlichen Sehenswürdigkeiten am Rande des Nationalparks liegen versteckt oder sind nur über Privatland zu erreichen. Deshalb ist besonders für diesen Nationalpark empfehlenswert, sich einer geführten Tour anzuschließen. Erfahrene Guides können Besuchern die verwirrende Pflanzenwelt und ihre Geheimnisse am besten nahebringen. Ausgezeichnete Regenwald-Exkursionen bieten Paul Masons Rainforest Walks (Buchungen über das Ferntree Resort) und Wet Tropics Safaris, Tel. 070/500673, an.

146 | 147 | 148

149 ▷

gewaltige Vulkanausbrüche große Flächen des Regenwaldes zerstörten, blieb die Daintree-Region vor dem vulkanischen Holocaust verschont. Auch das Ansteigen des Meeresspiegels am Ende der letzten Eiszeit konnte dem Regenwald nichts anhaben. Nur ein Teil des Tiefland-Urwaldes verschwand in den Fluten.

Im Park unterwegs

Obwohl der Großteil des Regenwaldes im Nationalpark völlig unzugänglich ist, gibt es doch ausgezeichnete Möglichkeiten, einen hautnahen Eindruck von seiner botanischen Wunderwelt zu bekommen. Eine inzwischen teilweise geteerte Straße von *Mossman* nach *Cooktown* erschließt die Küstenregion des Parks.

Das Erlebnis Regenwald beginnt mit der Überquerung des breiten, träge fließenden *Daintree Rivers*, der wegen seiner großen *Salzwasserkrokodile* berühmt-berüchtigt ist. Hinter dem Fluß wendet sich die Straße erst einmal ins Landesinnere und überwindet das bergige Hindernis der *Alexander Range*. Erst nach der Überquerung des Cooper Creek führt die Straße wieder Richtung Meer. Die Mündung des *Cooper Creek* ist ein beliebter Aufenthaltsort der *»Salties«*, wie die Australier die mächtigen Salzwasserkrokodile nennen. Parallel zum *Thornton Beach* zieht die Straße nun nach Norden und wendet sich erst zur Überquerung des *Noah Creek* wieder ins Landesinnere. Kurz hinter der Holzbrücke über den Noah Creek führt der *Marrdja Nature Walk* durch artenreichen Tiefland-Regenwald. Durch einen wahren Waldtunnel verläuft nun die Straße parallel zur Küste weiter. *Noah Beach* und *Coconut Beach* werden passiert, sind aber von der Straße aus nicht einsehbar. Am Coconut Beach bietet sich die beste Gelegenheit, bei Ebbe das küstennahe Riff zu erkunden. Schließlich ist das *Cape Tribulation* erreicht, das touristische Epizentrum im Park. Ein neues Luxusresort ist dort entstanden; an die Zeiten, als nur abenteuerliche Rucksackreisende diesen abgelegenen Ort besuchten, erinnert eine Jugendherberge. Die felsige *Landzunge des Cape Tribulation* liegt etwas nördlich des gleichnamigen Ortes und kann auf einer Strandwanderung entlang dem *Myall Beach* erreicht werden. Nach dem Kap beginnt die Straße anzusteigen, eine riesige *Würgerfeige* am Straßenrand ist eine weitere Attraktion auf dem Weg zum *Bloomfield River*. Die Piste ist jetzt nur noch mit Allradantrieb befahrbar, extrem steile Abschnitte verlangen gute Nerven. Für die meisten Besucher jedoch endet ihr Ausflug in den Regenwald am *Cape Tribulation*, einem der bezauberndsten Plätze Australiens.

150/151 Etwa 200 Kilometer südwestlich der Küstenstadt Cairns verbirgt sich unter trockener Savannen- und Waldlandschaft eines der größten Naturwunder Queenslands: die Lavahöhlen von Undara. Über dreißig Kilometer mißt das bisher entdeckte System an Röhren und Tunnels und bildet damit das größte bisher bekannte System an Lavahöhlen auf der Erde.

Undara Volcanos National Park

Outback – Unterwelt

Die Tarnung ist perfekt. Scheinbar endlos zieht sich flaches, in der Hitze flimmerndes Busch- und Grasland hin, hie und da unterbrochen von Granitfelsen. Nur in der Ferne begrenzen ebenmäßige, flache Hügel den Horizont. Schütterer Baumbestand und dürres Gras bestimmen die Vegetation – ein Landstrich ohne Höhepunkte. Doch hier, in der Weite des *Savannah Country*, wie sich das trockene Innere von Nord-Queensland nennt, verbirgt sich eine Sehenswürdigkeit der Superlative: das geologische Wunder der *Lavahöhlen von Undara*. 295 Straßenkilometer südwestlich der Touristenmetropole *Cairns* wartet das größte und längste System an Lavahöhlen der Welt darauf, von neugierigen Besuchern »entdeckt« zu werden. Noch muß sich die geologische Sensation der Anziehungskraft des *Great Barrier Reefs* und der großartigen *Regenwälder an der Küste* geschlagen geben. Das wird sich ändern! Seit August 1994 sind die Höhlen als *Undara Volcanos National Park* – Queenslands jüngster Nationalpark – geschützt, und eine steigende Besucherzahl zeigt, daß dieses neue Schutzgebiet in Zukunft eine attraktive Ergänzung für die an Höhepunkten so reiche Region *»Far North Queensland«* darstellen wird.

Die Entstehung der Lavahöhlen

Die feurige Geburt der Lavahöhlen fand vor etwa 190000 Jahren statt, als ein gewaltiger Ausbruch des heute 1020 Meter hohen *Undara-Vulkans* die Landschaft umgestaltete. Bemerkenswert bei dieser Eruption war die Menge des ausgeworfenen Materials. Wissenschaftler errechneten, daß der Vulkan pro Sekunde ungefähr 1000 Kubikmeter Lava ausspuckte, die sich vor allem nach Nordwesten ergoß. Mit einer Fließgeschwindigkeit von etwa 500 Metern pro Stunde dauerte es nur zwei bis drei Wochen, bis 1550 Qua-

Information

Auskünfte: Undara Experience, P. O. Box 6268, Cairns OLD, Tel. 070/317933.
Reisezeit: Der Park ist das ganze Jahr über geöffnet, in der Regenzeit kann der Zugang zu den Höhlen zeitweise unterbrochen sein.
Unterkunft: Im Park selbst gibt es keine Unterkünfte, Camping ist nicht erlaubt. Übernachtungsmöglichkeiten verschiedener Kategorien (genächtigt wird in Abteilen renovierter Eisenbahnwaggons oder in feststehenden Safari-Zelten) bietet die in der Nähe der Höhlen gelegene Undara Lava Lodge (Tel. 070/971411).
Camping: Der Undara Lava Lodge angegliedert ist ein Campingplatz mit allen touristischen Einrichtungen (Tel. 070/971411).
Touren: Die Höhlen können nur im Rahmen von geführten Touren besichtigt werden, die täglich von der Undara Lava Lodge aus angeboten werden.

dratkilometer flaches Land mit einer zwischen fünf und zwanzig Meter mächtigen Gesteinsschicht überzogen waren. Das Gesamtvolumen des ausgeflossenen Materials betrug 23 Kubikkilometer. Der Hauptstrom des glutflüssigen Magmas folgte dabei einem alten Flußbett, und es entstand – mit einer unglaublichen Länge von 160 Kilometern – der längste Lavafluß der Erde. Das ganz besondere an Undara sind aber die *Lavaröhren*, die sich bei diesem Ausbruch bildeten. Auch hier bestimmen Superlative die Fakten: Bis zu einhundert Kilometer lang ist das System der Höhlen, und mit einer maximalen Breite von zwanzig sowie einer Deckenhöhe von stellenweise fast vierzehn Metern stehlen sie jeder bekannten Lavahöhle auf dieser Erde die Schau. Der längste Höhlenabschnitt, die Bayliss Cave, weist eine Länge von 1350 Metern auf und gilt als die längste Lavaröhre Australiens. Die Entstehungsgeschichte dieser Superröhren ist einfach erklärt: Die glühende Lava begann, während sich das flüssige Gestein durch das Flußtal ergoß, an der Oberfläche, am Boden und an der Seite zu erhärten. So bildete sich eine gut isolierte Röhre, in der die ständig nachströmende Lava wie in einer Pipeline weiterfloß und so den Lavastrom immer weiter verlängerte. Als die Eruptionen schließlich verebbten und der Nachschub ausblieb, trat die restliche Lava aus diesem Kanal aus und hinterließ riesige Röhren, Tunnel und Kavernen.

Im Lauf der Zeit brachen die Tunnels an vielen Stellen ein und bildeten Einsturzkrater, in denen sich eine dünne, aber fruchtbare Humusschicht bildete. Feuchtigkeit durch Sickerwasser und der Schutz vor Buschfeuern ermöglichten es, daß in diesen Vertiefungen der Regenwald die stetige Austrocknung der Region überlebte. Die Pflanzengemeinschaft in den geschützten Kratern hat große Ähnlichkeit mit Wäldern auf Madagaskar und in Ostafrika. Wissenschaftler vermuten deshalb, daß dieser Typ von Wald ein Relikt aus den Zeiten des Superkontinents *Gondwana* darstellt. Nähert man sich Undara mit dem Flugzeug, erkennt man deutlich die dunklen Einsturzstellen, die den Verlauf des Lavahöhlensystems nachzeichnen.

Entdeckungsgeschichte

In den sechziger Jahren des vorigen Jahrhunderts begann die Familie *Collins* mit der Viehzucht in der Undara-Region, hatte aber lange Jahre keine Ahnung davon, was für ein geologischer Schatz sich unter ihrem Grund und Boden verbarg. Erst in den neunziger Jahren des vorigen Jahrhunderts entdeckte sie die Lavahöhlen. Es dauerte weitere Jahrzehnte, bis die Wissenschaft auf die Höhlen aufmerksam wurde. Einige davon wurden bei Kartografierarbeiten in den Jahren 1972 bis 1974 dokumentiert, aber erst in den achtziger Jahren begann man das gesamte Ausmaß des Systems zu begreifen. 1988 entdeckten zwei Wissenschaftler den Wind Tunnel und den Inner Dome. Im Jahr 1989 wurden bei einer großangelegten Erkundung durch den *Queensland National Parks and Wildlife Service* einundzwanzig neue Höhlenabschnitte entdeckt. Heute sind über fünfzig davon erforscht und vermessen.

In den achtziger Jahren begann auch der Besucherstrom langsam einzusetzen. Auslöser war das 1985 erschienene Buch *»Natural Wonders of Australia«*, in dem die Höhlen erstmals in Farbfotos vorgestellt wurden. Die Familie *Collins*, inzwischen in der vierten Generation, begann Touren zu den Lavaröhren anzubieten. 1990 schließlich wurde die Undara Lava Lodge errichtet, um den zunehmenden Besucherzahlen gerecht zu werden. Schließlich verkaufte die Familie das Land, auf dem die Höhlen liegen, an die Regierung von Queensland, und 1994 wurde das Gebiet zum *Nationalpark* erklärt. Nach wie vor wird die Lodge von den Collins betrieben, ihnen untersteht auch die Organisation der geführten Touren.

Die in der Gegend lebenden *Aborigines* wußten bereits lange vor den weißen Siedlern von der Existenz der Höhlen, mieden die dunklen Röhren allerdings. Es fanden sich in ihnen weder Höhlenmalereien noch Spuren von Feuerstellen, die beweisen würden, daß Menschen diese Höhlen als Unterschlupf nutzten.

Besichtigung der Höhlen

Eine Besonderheit in dem neu geschaffenen Nationalpark ist, daß die Höhlen nur in Begleitung von erfahrenen und kompetenten Führern betreten werden dürfen. Alle Führer gehören der *Savannah Guides Organisation* an, die wegen der strengen Maßstäbe bei der Auswahl ihrer Mitglieder in Australien Standards setzte. Hauptgründe dieser für australische Nationalparks ansonsten unüblichen Regelung waren die Sicherheit der Besucher und der Schutz der einzigartigen unterirdischen Welt. Für die Öffentlichkeit zugänglich ist deshalb auch nur ein kleiner Teil der mehr als fünfzig bisher bekannten Höhlen. So ist beispielsweise die Barkers Cave, eine wichtige Brutstätte für *Fledermäuse*, in den entsprechenden Monaten gesperrt. Die freigegebenen Höhlen können auf Halb- oder Ganztages-Exkursionen erlebt werden. Miteinbezogen in die speläologischen Touren wird auch die auf den ersten Blick eintönig wirkende »Oberwelt« von Undara mit ihrer interessanten Flora und Fauna. Eines der spektakulärsten Naturmonumente ist der *Archway*, eine großartige Naturbrücke, die entstand, als die Höhle an zwei Stellen einbrach und einen weiten Gesteinsbogen übrig ließ.

152 Typisch für Magnetic Island sind die von Granitfelsen gesäumten Küstenabschnitte. Unterbrochen werden die abweisenden Gestade von paradiesischen Sandstränden.

153 Besonders zahlreich im Magnetic Island National Park vertreten ist die Death Adder, die Todesotter. Sie zählt zu den giftigsten Schlangen Australiens. Besonders gefürchtet ist das Reptil, weil es sich auf seine perfekte Tarnung im Laub des Waldbodens verläßt und bei Annäherung nicht wie andere Schlangen flüchtet.

Magnetic Island National Park

Ferieninsel mit grünem Anstrich

Die Menschen von *Townsville* haben eines der schönsten Ausflugsziele der Region praktisch täglich vor Augen. Nur 12 Kilometer nördlich der Stadt ragt die gebirgige *Magnetic Island* – ihr Kulminationspunkt ist mit 497 Metern der *Mt. Cook* – aus dem Meer. Die Fährfahrt in das Ferienparadies dauert gerade einmal eine halbe Stunde.

Schutzgebiete und Siedlungen – es leben etwa 2500 Menschen auf der Insel – sowie die Touristenresorts sind so ineinander verwoben, daß man die Insel nur als Einheit betrachten kann – mit dem Nationalpark als stärkstem Besucherargument. Die Kombination aus landschaftlicher Schönheit, Nationalpark und einer ausgedehnten Infrastruktur machen den Reiz der Region aus. Der *Magnetic Island National Park* nimmt etwas mehr als die Hälfte der gesamten Insel ein, wobei weite Teile des Reservats unzugänglich sind. Die schönsten Buchten, Riffe und Küstenabschnitte sind geschützter *Marine Park*.

Die Insel und der Park

Ihren seltsamen Namen verdankt die Insel *Captain James Cook*, der im Jahre 1770 beim Vorbeisegeln eine Mißweisung an seinem Kompaß bemerkte und dies dem Magnetismus der Insel zuschrieb. Heute weiß man, daß seine Vermutung falsch war. *Magnetic Island* besteht hauptsächlich aus Granit und weist keinerlei Magnetismus auf. Die Topografie der Insel ist erstaunlich wild. Charakteristisch sind die riesigen gerundeten Granitfelsen, die überall aus dem schütteren, trockenen Wald ragen. Besonders die felsigen Küsten mit den zahlreichen Landzungen bekommen durch die scheinbar von Titanenhand aufgehäuften Felsbrocken einen ganz eigenen Charakter. Große Flächen des Parks sind mit trockenem *Eukalyptuswald* bedeckt, in den geschützten Rinnen und Bachtälern gedeiht stellenweise *Regenwald*. Auffälligster Baum der Insel ist die *Hoop Pine*, die als Standort vor allem die felsigen Landzungen bevorzugt.

Die Fauna der Insel ist auffallend reichhaltig. *Koalas, Possums, Echidnas* und *Rock Wallabies* sind häufig, acht verschiedene *Fledermausarten* leben auf Magnetic Island, auch die Reptilien sind mit *Geckos, Skinks* und *Schlangen* reich vertreten. Am erstaunlichsten allerdings ist die Vogelwelt. Eine von Rangern erstellte Liste beinhaltet 195 Arten, die dauernd oder periodisch auf der Insel zu finden sind. Einer der auffälligsten Vögel ist dabei der *Bush Thicknee* (auch *Curlew*), dessen weinerlich-heulende Rufe die ganze Nacht über zu hören sind.

Auf der Insel unterwegs

Zwei Tatsachen machen Magnetic Island für Naturliebhaber so reizvoll. Einmal sind es die wunderschönen, nie überlaufenen Sandbuchten, die sich zwischen felsigen Landzungen verstecken, und zum anderen ist es – betrachtet man die Größe der Insel – ihr Reichtum an Tieren. Beliebtes Fortbewegungsmittel vor Ort sind die sogenannten *Mokes*, kleine, spartanisch ausgerüstete offene Fahrzeuge, die für das kurze Straßennetz der Insel ideal sind. Ein Wanderwegenetz von 22 Kilometer Länge erschließt Randbereiche des Parks und bietet Zugang zu den abgelegenen Buchten. Besonders empfehlenswert ist die kurze Wanderung hinauf zu *»The Forts«*. Es handelt sich um alte Wehranlagen aus der Zeit des Zweiten Weltkriegs, als man eine Invasion der Japaner befürchtete. Entlang dieses Wegs sollte man die Augen offenhalten und die Bäume nach Koalas absuchen. Da die *Eukalypten* hier nicht sehr groß werden und die Tiere recht zahlreich sind, können *Koala*-Sichtungen nahezu garantiert werden! Der späte Nachmittag ist dafür die beste Zeit. Ein weiterer ausgezeichneter Platz für Tierbeobachtungen ist die felsige Halbinsel, die bei *Arcadia* die *Geoffrey Bay* begrenzt. In der Nähe der alten Bootsanlegestelle kann man jeden Morgen die hübschen *Unadorned Rock Wallabies* sehen. Weitere lohnende Wanderungen führen vom Ostende der *Horseshoe Bay* zu den vielleicht schönsten Buchten der Insel, *Balding Bay* und *Radikal Bay*. Einen guten Einblick in das Inselinnere gibt die Wanderung von *Nelly Bay* nach *Arcadia*. Einen landschaftlich ganz anderen Aspekt erschließt eine acht Kilometer lange unbefestigte Buschstraße (kaum Verkehr, da nur mit Allrad-Fahrzeugen befahrbar) von *Picnic Bay* nach *West Point*. *Mangroven* und *Wattgebiete* charakterisieren diesen Teil der Küste. Bei Niedrigwasser (Gezeitenplan beachten) kann man in der *Geoffrey Bay* eine

Information

Auskünfte: The Ranger, 22 Hurst Street, Picnic Bay, Magnetic Island, QLD 4816, Tel. 077/785378 (nur an Wochentagen zwischen 1.30 und 4.30 Uhr); Department of Environment and Heritage, Great Barrier Reef Wonderland Office, Box 5391, Townsville Mail Centre, Townsville, QLD 4810, Tel. 077/212399.
Reisezeit: Der Park ist ganzjährig geöffnet. Das Klima der Insel ist geprägt von warmen trockenen Wintern und heißen regenreichen Sommern (Dezember bis März).

Unterkunft: Unterkünfte jeglicher Preislage und Ausstattung finden sich in den kleinen Ortschaften Picnic Bay, Nelly Bay, Arcadia und Horseshoe Bay. Die Palette reicht von einfachen Backpackers Hostels bis hin zu luxuriösen Resorts.
Camping: Zelten ist im Park nicht erlaubt.
Aktivitäten: Wandern, Tierbeobachtungen, Fischen, Schnorcheln, Tauchen, Schwimmen. Vorsicht: zwischen Oktober und Mai machen giftige Quallen (box jellyfish) das Schwimmen gefährlich!

154 Entlang der Ostküste von Hinchinbrook Island verläuft der Thorsborne Trail. Diese abenteuerliche viertägige Wanderung bietet die einzige Möglichkeit, den wilden Inselnationalpark intensiv zu erleben. Der Trekker im Bild befindet sich im Abstieg über eine mit Seilen gesicherte Steilstufe zur Basis der Zoe Falls.

kurze Riffwanderung unternehmen. Schilder erläutern die Korallen und Riffbewohner. Daß die Insel weiter auf den Nationalpark setzt, zeigen die Pläne der Tourismusplaner: In naher Zukunft sollen Wanderwege Zugang zum Gipfel des *Mt. Cook* und zur abgelegenen *Five Beach Bay* ermöglichen, um damit die Attraktivität des Reservats und der Insel weiter zu erhöhen.

Whitsunday Islands National Park

Die verzauberten Inseln

Wie von großzügiger Hand ausgestreut liegt vor der Küste Ost-Queenslands – geschützt durch das *Great Barrier Reef* – eine Gruppe von 74 Inseln und Inselchen im blauschimmernden tropischen Meer des Pazifiks: die *Whitsunday Islands*. Diese größte Inselgruppe an der Ostküste Australiens steht seit Jahren auf der touristischen Hitliste ganz oben und ist sicher die beliebteste Ferienregion der Australier. Die außergewöhnliche Schönheit des Areals, ein Landschaftsmix aus subtropischer Üppigkeit, glitzerndem Meer, farbenfrohen Korallenriffen, einsamen Traumbuchten und verschwiegenen Fjorden, aus zerklüfteten Bergen und unberührten Tropenwäldern, hat dafür gesorgt, daß sich hier eine boomende Tourismuswirtschaft etablierte.

Aber obwohl die Whitsunday Islands fest in der Hand der Tourismusindustrie zu sein scheinen, hat man viel zum Schutz der Inselwelt getan. Fast alle Inseln sind ganz oder teilweise zu *Nationalparks* erklärt worden. Nur die Resortinseln *Hayman Island* und *Hamilton Island* sowie *Dent Island* haben diesen Status nicht. Die Gewässer und Riffe um die Inseln sind Teil des riesigen *Great Barrier Reef Marine Parks* und damit ebenfalls vor Übererschließung und Raubbau geschützt.

Geologie

Während der letzten Eiszeit, als der Wasserspiegel etwa hundert Meter niedriger lag als heute, bildeten die Whitsunday Islands eine Gebirgskette auf dem Festland. Als dann mit zunehmender Erwärmung die Eiskappen an den Polen zu schmelzen begannen und das gebundene Wasser wieder frei wurde, stieg der Wasserspiegel kontinuierlich an und überflutete die tiefen Täler dieses Gebirges. Von dem ehemaligen Gebirge ragen heute nur noch die Gipfel als Inseln aus dem Wasser. Korallen begannen schließlich, Riffe an den Inseln zu bilden, aus deren Bruchstücken die meisten Sandstrände der Inseln entstanden.

In der Inselwelt unterwegs

Ausgangspunkte für die meisten Unternehmungen in der verzauberten Inselwelt sind *Airlie Beach* und *Shute Harbour*. Die wohl beste Möglichkeit, die Whitsunday Islands in ihrer ganzen Vielfalt und Schönheit kennenzulernen, bietet ein mehrtägiger Segeltörn. Da die meisten Inseln weglose Wildnis sind, lassen sich viele der »Sehenswürdigkeiten« nur vom Wasser aus erreichen. So ist die größte Attraktion der namensgebenden Hauptinsel *Whitsunday Island* ein kilometerlanger Traumstrand aus blendendweißem Quarzsand – *Whitehaven Beach*. Weitere beliebte Anlegestrände auf Whitsunday Island sind *Trekker Beach* und *Hill Inlet*. Die stark bewaldete Granitinsel umfaßt 19900 Hektar und ist die größte Insel der Gruppe. Der Hauptgipfel, der *Whitsunday Peak*, erreicht eine Höhe von 435 Metern. Den höchsten Punkt der gesamten Inselgruppe aber bildet der *Hook Peak* mit 459 Metern. Der Berg ist der Kulminationspunkt von *Hook Island*, der zweitgrößten, nur durch einen schmalen Kanal von Whitsunday getrennten Insel. Auch Hook Island ist vollständig als Nationalpark geschützt und völlig unerschlossen. Sie hat vor allem bei Seglern einen guten Namen, denn mit dem fjordähnlichen, tief eingeschnittenen *Nara Inlet* bietet sie einen bei jedem Wetter sicheren Ankerplatz. Einen beliebten Ausflug vom Nara Inlet aus bildet der kurze Aufstieg zu einer *Felsgrotte mit Felszeichnungen der Aborigines*. Landschaftlich ähnlich wie das Nara Inlet stellt sich das benachbarte *Macona Inlet* dar.

Information

Auskünfte: Whitsunday District Information Centre, Crn. Mandalay and Shute Harbour Rd., Airlie Beach, QLD 4802, Tel. 079/467022.
Reisezeit: Auf den Inseln herrscht das ganze Jahr über Saison. Die Sommer können allerdings heiß und regenreich sein. An der Küste ist das Schwimmen im Meer zwischen Oktober und Mai wegen der Quallen gefährlich.
Unterkunft: Auf folgenden Inseln gibt es Ferienresorts: Hayman Island, Hamilton Island, Lindeman Island, Long Island, South Molle Island und Daydream Island.
Camping: Auf den Inseln gibt es zahlreiche Campingplätze, über die eine ausführliche Broschüre, die im District Office in Airlie Beach erhältlich ist, Auskunft gibt.
Aktivitäten: Segeln, Fischen, Tauchen, Schnorcheln, Wandern.
Touren: Mehrtägige Segeltörns auf der »Coral Trekker«, einem liebevoll restaurierten Rahsegler, veranstaltet die Firma Whitsunday Sailing, Tel. 079/467197.

155 Nach einem langen Wandertag auf dem Thorsborne Trail genießen die beiden Trekker den stillen Anblick der mangrovengesäumten Mündung des South Zoe Creeks.

156 Der verschlafene Fischerort Dungeness ist der südliche Ausgangspunkt für den Hinchinbrook Island National Park. Von hier kann man sich zur nur sechs Kilometer entfernten Insel übersetzen lassen.

Folgende Abbildungen:

157–159 Die Zahl der Trekker auf dem Thorsborne Trail wird durch ein Permitsystem strikt reguliert. Da sich nie mehr als dreißig Wanderer gleichzeitig auf der viertägigen Wanderung befinden dürfen, kann man die landschaftlichen Schönheiten des Inselnationalparks ungestört genießen. Mit dem Überqueren eines Baches haben die Trekker den Strand der Little Ramsey Bay erreicht. Die menschenleere Zoe Bay bildet einen der zahlreichen Höhepunkte entlang des Trails, der stellenweise über Felspassagen führt und gutes Gleichgewichtsgefühl verlangt.

◁ 157

158 | 159

Im *Unterwasser-Observatorium* an der Südspitze von Hook Island können Besucher Korallen und Fische neun Meter unter der Meeresoberfläche beobachten. Meeresbiologen erklären die Wunderwelt des Riffs. Eine interessante Symbiose zwischen Tourismus und Nationalpark ist man auf der 800 Hektar großen Lindeman Island eingegangen. Dort wurde erst vor kurzem das *Club Med Village Resort* eröffnet. Da der Großteil des Parks als Nationalpark geschützt ist, arbeitet das Resort mit den Rangern zusammen, um den Gästen die Natur der Insel nahezubringen.

Einer der beliebtesten Wanderwege auf Lindeman Island führt auf den Gipfel des Mt. Oldfield. Als eine der schönsten Inseln gilt die dem Festland am nächsten gelegene Long Island. Wunderschöne Strände und Wanderwege mit einer Gesamtlänge von dreizehn Kilometern machen die 144 Hektar große Nationalparkinsel attraktiv. Zwei Resorts, *Palm Bay Hideaway* und *Radisson Long Island Resort*, sorgen für den touristischen »Anstrich« der Insel. Ebenfalls dem Festland dicht vorgelagert sind North Molle und South Molle Island. Während die Nordinsel unbewohnt ist, sorgt ein Resort auf South Molle Island für touristische Infrastruktur. Zahlreiche der kleinen, unbewohnten Inseln sind dagegen das Ziel von Seglern, die dem Trubel entgehen wollen. Als Geheimtip wird dabei Border Island östlich von *Whitsunday Island* gehandelt.

Eungella National Park

Land in den Wolken

Wenn man bei der Stadt Mackay die Küste verläßt und sich nach Westen wendet, durchfährt man Zuckerrohrland. So weit das Auge reicht, ziehen sich die Felder hin. Nur das Stahlungetüm der *Zuckerrohrfabrik* von Mirani vermittelt einen Hauch von Industrie. Später dann beginnt das Land Wellen zu werfen; die Straße zieht in das weite und sanfte, von grünen Hügeln begrenzte Pioneer Valley hinein. Reizvolles, tropisches Farmland, unterbrochen von kleinen Orten mit stillem Hinterwäldlercharme wie Mirani oder Finch Hatton, umfängt den Besucher. Wenn man in dieses schöne Gelände hineinfährt, erkennt man schon von weitem einen dunklen Querriegel, dessen Höhen in weißen Wolken verschwinden und die das Tal absperren. Es sind die Berge der Clark Range, die die gemütliche Landstraße plötzlich zur steilen, kurvenreichen Paßstraße machen. Fast abrupt, kurz nach Beginn der Steigung, beginnt dann der Regenwald, der sich an den steilen Bergflanken bis in die Wolken hinaufzieht. Der Eungella National Park ist erreicht. Eungella – der Name bedeutet *»Land in den Wolken«* – macht diesem Namen meist alle Ehre, wolkenlose Tage sind selten.

Der Nationalpark, der die *Clark Range* krönt, schützt über 50000 Hektar größtenteils unzugängliche, zerklüftete Wildnis. Mit dem 1280 Meter hohen Mt. Dalrymple erreicht er seinen höchsten Punkt. Steile, dicht mit *Regenwald* bewachsene Berghänge ziehen sich ins Tiefland hinunter, zerschnitten von schnellfließenden Bächen. Auf dem trockeneren und unzugänglichen Dicks Tableland dagegen dominiert *offenes Waldland* die Landschaft.

Entstehungsgeschichte

Hauptattraktion im Park ist und bleibt der *Regenwald*. Vor der letzten Eiszeit war die Gegend von einer Mischung aus tropischem und subtropischem Regenwald bedeckt. Dann, als die Welt im kalten Griff der Eiszeit lag, wurde das Klima auch hier kühler und trockener. Der Regenwald zog sich in geschützte Gebiete der wolkenbedeckten Gipfelregionen und in die tiefen Schluchten zurück. In der Umgebung etablierte sich offener Wald und isolierte den Regenwald von anderen Tropenwäldern. Als dann das Klima wieder feuchter und wärmer wurde, verhinderte das regelmäßige Abbrennen der umliegenden Wälder durch die *Aborigines* ein Ausbreiten der Regenwälder. Heute bilden die Regenwälder im Eungella National Park eine einzigartige *Mischung* aus den subtropischen Wäldern des Südens und den tropischen Wäldern des Nordens.

Im Park unterwegs

Der große Nationalpark ist für Besucher nur an zwei Stellen zugänglich. Kurz vor dem verschlafenen Ort Finch Hatton zweigt die Zufahrtsstraße zur Finch Hatton Gorge, einer der größten Attraktionen im Park, ab. Ein lohnender Wanderweg führt in die Schlucht des Finch Hatton Creek. Der Bach rauscht hier, eingerahmt von herrlichem Regenwald, über Felsstufen in die Tiefe und stürzt über zahlreiche Kaskaden in tiefe Becken. Eines davon, an den Araluen Falls, ist ein beliebter Platz zum Schwimmen während der heißen Jahreszeit. Eine halbe Wegstunde weiter oben ergießen sich die Callistemon Cascades über die Felsen der urwaldgesäumten Schlucht.

Wieder zurück auf der Hauptstraße folgt man der Mackay Eungella Road über die steilen Hänge der *Clark Range* hinauf zur kleinen Ortschaft Eungella. Hier zweigt die Broken River Road ab, die den Zugang zu den meisten Wanderwegen des Parks schafft. Noch in der Nähe des Eungella Chalets beginnt der Cedar Grove Track, der durch wild-romantischen Regenwald zur *Picnic Area* am Sky Window führt. Zahlreiche Palmen, darunter die *Bangalow Palms, Picabeen Palms* und *Fan Palms*, unterstreichen das tropische Ambiente, große *Würgerfeigen* umschlingen mit ihrem Stammgeflecht ihre Wirtsbäume, *Laywer Cane*, eine Rattanart, klettert an großen Bäumen hoch und sucht sich so den Weg zum Sonnenlicht. Am Picknickplatz erreicht man wieder die Broken River Road.

160 Bei Ebbe zieht sich von Langford Island eine schmale Sandbank kilometerweit ins Meer hinaus und lädt zu einem Spaziergang ein. Langford Island ist, wie die große, dichtbewaldete Hook Island im Hintergrund, Teil des Whitsunday National Parks.

Der nur wenige hundert Meter lange Rundkurs des *Sky Window Circuits* bietet durch zwei Öffnungen im Pflanzengewirr des Regenwaldes herrliche Aussichtspunkte, die einmal den Steilanstieg der *Mackay Eungella Road* und zum anderen das weite *Pioneer Valley* überblicken. Nur einen knappen Kilometer weiter zweigt der *Palm Walk Track* von der *Broken River Road* ab. Dieser Wanderweg führt erst entlang dem Höhenzug und steigt dann in das tiefe Tal des *Broken River* ab. Dort trifft der reizvolle Weg auf den *Broken River Track*, der zurück zur Straße führt.

Die meisten Besucher aber ziehen es vor, mit dem Auto bis zum *Broken River* zu fahren. Die größte Attraktion am Fluß ist eine *Beobachtungsplattform*. Die Chancen, am frühen Morgen oder am späten Abend in dem tiefen Pool *Schnabeltiere* zu sehen, stehen nicht schlecht. Was man auf jeden Fall zu Gesicht bekommt, sind *Schildkröten*, die zahlreich die stillen Becken des Flusses bevölkern. Bevor man sich nun aufmacht, die Broken River Region zu erkunden, sei ein Besuch der hier errichteten *Broken River Ranger Station* empfohlen. Sie ist Ausgangspunkt des *Broken River Track*, eines stillen, acht Kilometer langen Pfades, der entlang dem gleichnamigen Fluß durch Regenwald zur *Credition Road* führt. Über diese Schotterstraße erreicht man wieder den Ausgangspunkt.

Carnarvon National Park

Das verlorene Tal

Tieforange steigt die Sonne über den niedrigen Hügeln vor der großen Ebene auf. Ein dichter Schleier aus Rauch liegt schwer über den Wäldern, sammelt sich am trichterartigen Ausgang der *Carnarvon Gorge*. Die berückende Landschaft, die sich von der Felskanzel des *Boolima Bluff* ausbreitet, ist in weiche Pastellfarben getaucht. Seit Tagen fressen sich Feuer durch die Wälder der Region. Nachts hatten sich die Glutfronten, bedingt durch das Nachlassen des Windes und die höhere Luftfeuchtigkeit, verlangsamt, bald allerdings werden trockene Winde und die unbarmherzige Sonne die Brände wieder aufleben lassen – zum Wohle des Parks! Denn die Feuer wurden von Menschenhand gelegt, um das Unterholz auszudünnen und großen verheerenden Buschbränden die Nahrung zu nehmen. Feuer als Schutzmaßnahme – das erscheint widersinnig und erfüllt doch seinen Zweck.

Die meisten Nationalparks des an Schutzgebieten so reichen Bundesstaates Queensland ziehen sich entlang der Küste, liegen in den küstennahen Bergen oder umfassen vorgelagerte Inseln. Je weiter man jedoch in das trockene, sonnenverbrannte Innere Queenslands eindringt, desto spärlicher ist es um Reservate bestellt. Eine der großartigsten Ausnahmen bildet der *Carnarvon National Park* in Zentral-Queensland, ein Juwel unter den australischen Schutzgebieten.

Das riesige Reservat umfaßt 251 000 Hektar des *Consuelo Tablelands*, eines gewaltigen Sandsteinplateaus, und ist in vier Sektionen gegliedert: *Mount Moffat, Salvator Rosa, Ka Ka Mundi* und *Carnarvon Gorge*. Diese Schlucht stiehlt den anderen, abgelegenen Bereichen des Parks eindeutig die Schau und läßt deren touristische Bedeutung gegen Null schrumpfen. Neben der außergewöhnlichen Schönheit dieser Schlucht sind es vor allem der relativ einfache Zugang und die bestehende Infrastruktur, die diese Entwicklung bedingten. Wenn man heute vom Carnarvon National Park spricht, meint man eigentlich die *Carnarvon Gorge*.

Die Entstehung der Schlucht

Das *Sandsteinplateau* des *Consuelo Tablelands*, in das sich die einzigartige Schlucht eingegraben hat, ist aus mäch-

161 Ein Paradies für Taucher und Schnorchler bilden die fischreichen Korallenstöcke des Bait Reef. Das Riff liegt nordöstlich von Hayman Island, einer der Whitsunday-Inseln.

162 Ein wenig abenteuerlich, auf jeden Fall sehr romantisch, sind Segeltörns auf alten Segelbooten – im Bild der Rahsegler »Coral Trekker« – zwischen den Whitsunday Islands. Das Boot verläßt gerade den schützenden Nara Inlet auf Hook Island.

Folgende Abbildungen:

163–166 Schaustück des großen Carnarvon National Parks in Zentral-Queensland ist die Carnarvon Gorge, ein tiefer Schluchteinschnitt im Sandsteinplateau des Consuelo Tablelands (163). Zahlreiche Sehenswürdigkeiten warten in der Schlucht auf gehfreudige Besucher – wie der mit Baumfarnen bewachsene Seitencanyon der Violet Gorge (164), der bezaubernde »Moss Garden«, wo ein dichtes Moospolster die Felsen überzieht (165), oder die Cathedral Cave, deren Wände mit Felsmalereien der Aborigines geschmückt sind (166). Buschfeuer sind in diesem Park – wie in vielen anderen Australiens – nichts Ungewöhnliches. Durch kontrolliertes Abbrennen versucht die Parkverwaltung, verheerende Feuer zu verhindern – nicht immer mit Erfolg.

Information

Auskünfte: The Ranger, Eungella National Park, c/o Post Office, Dalrymple Heights, QLD 4740, Tel. 079/584552; Mackay District Office, Cnr. River and Wood Sts., Mackay, QLD 4740, Tel. 079/518788.
Reisezeit: Der Park ist das ganze Jahr über geöffnet. Das Klima ist subtropisch bis tropisch, mit sehr warmen und feuchten Sommern. Meist sind die Berge in Nebel oder Wolken gehüllt. Im Winter herrscht meist trockenes und vor allem in den Höhenlagen gelegentlich recht kühles Wetter.
Nach starken Regenfällen treten der Pioneer und der Broken River sowie deren Zuflüsse schnell über die Ufer. Die Zufahrt zum Park kann dann für mehrere Tage unterbrochen sein.
Unterkunft: Im Park gibt es, abgesehen von einem Campingplatz, keine Unterkünfte. Im Ort Eungella findet man verschiedene Übernachtungsmöglichkeiten, wie zum Beispiel das Eungella Chalet, Tel. 079/584503.
Camping: Campingplätze mit guten Einrichtungen sind die Broken River Camping Area und die Fern Flat Camping Area, beide in der Nähe der Broken River Ranger Station gelegen.
Aktivitäten: Wandern.

161 | 162

◁ 163

164 | 165 | 166

tigen Sedimenten aufgebaut, welche Flüsse vor etwa 160 Millionen Jahren abgelagert haben. Durch Hebung der Region entstand aus den Gesteinslagen im Lauf der Jahrmillionen ein gewaltiges Plateau. Es folgte eine feurige Epoche, in der die Landschaft erneut umgestaltet wurde. In einer Periode vulkanischer Aktivitäten bildete Lava eine etwa 300 Meter dicke Basaltschicht über dem Sandstein des Plateaus. Heute ist diese dunkle Basaltdecke zum größten Teil verwittert, und der helle Sandstein liegt wieder offen. Entlang der Störungslinien innerhalb des Gesteinskörpers gruben sich Bäche in den weichen Sandstein ein und schufen in unendlicher Kleinarbeit schließlich die großartige *Carnarvon Gorge*. Die Schlucht – flankiert von bis zu 200 Meter hohen Sandsteinwänden – windet sich 30 Kilometer tief in das Plateau hinein. Zahlreiche Seitencanyons und Klamme bildeten sich entlang dem Haupteinschnitt – versteckte Welten von erstaunlicher Schönheit. Dank des permanent verfügbaren Wassers – der *Carnarvon Creek* trocknet das ganze Jahr über nicht aus – schmückt eine üppige und erstaunlich vielseitige Vegetation die verzweigte Schlucht. Umgeben von trockenen Weiten hat sich hier in den Tiefen der Schlucht eine verwunschene Oase gebildet.

Exkursion in die Schlucht

Auf einer herrlichen Wanderung, die ihren Ausgangspunkt am *Visitor Centre* hat, kann man über neun Kilometer in die beeindruckende *Carnarvon Gorge* eindringen. Von diesem Hauptweg zweigen beschilderte Seitenpfade zu den versteckten Attraktionen der Schlucht ab. Gleich nach der ersten Überquerung des *Carnarvon Creeks* beginnt der erste Abstecher, der Aufstieg zum *Boolimba Bluff*, einer luftigen Aussichtskanzel hoch über dem Schluchteingang.

Der weitere Weg in die Schlucht überquert nun mehrmals den Bach, bis ein Seitenpfad zum *Moss Garden* abzweigt. Versteckt in der tief eingeschnittenen *Violet Gorge*, einer engen Seitenschlucht, sickert Wasser aus dem Gestein und bildet den Nährboden für eine feuchte Miniaturwelt aus üppig wachsenden Moosen, welche Wände, Felsbrocken und Baumstämme mit einem grünen Pelz überzogen haben.

Ziel eines weiteren »Seitensprungs« ist das *Amphitheatre*. Über Eisenleitern dringt man in einen engen Felsspalt ein, der sich kurz darauf zu einem gewaltigen, von hohen Wänden umgebenen Rund weitet. Das Zusammentreffen zweier Störungslinien und die Erosion schufen dieses erstaunliche Naturdenkmal.

Durch den *Casuarina Grove* führt der Hauptweg zum nächsten Abzweig, den vor allem botanisch interessierte Besucher nicht auslassen dürfen. Im *Wards Canyon*, einer engen Seitenschlucht, wächst der äußerst seltene *Königsfarn* (Angiopteris evecta) – die größte Farnart der Erde. Knapp einen Kilometer weiter wartet eine Attraktion ganz anderer Art auf die Wanderer: die *Art Gallery*. Unter einem gewaltigen Überhang verzieren *Malereien der Aborigines* die Felsen. Zahllose Hände, Bumerangs, Keulen und andere Utensilien und Gebrauchsgegenstände lassen sich auf den hellen Sandsteinwänden identifizieren. Die Bilder sind nach der sogenannten Schablonenmethode gefertigt. Dabei nimmt der Künstler einen Schluck Farbe in den Mund und sprüht sie über den an die Wand gedrückten Gegenstand, so daß dessen Umriß nachher negativ ausgespart bleibt. Seltener sind Darstellungen, die mit einem pinselähnlichen Gegenstand aufgetragen wurden. Über die Bedeutung der unzähligen Ritzzeichnungen im Fels, die ausschließlich Vulvas darstellen, rätseln die Wissenschaftler nach wie vor. Den Endpunkt des Hauptweges bildet schließlich *Cathedral Cave*. Ähnlich wie in der Art Gallery finden sich auch hier unter einem gewaltigen, domartigen Überhang zahlreiche *Felsmalereien*. Grabungen bewiesen, daß *Aborigines* hier schon vor mindestens 3600 Jahren gelagert haben.

Fraser Island und Great Sandy National Park

Auf Sand gebaut

Schier endlose Strände mit mächtiger Brandung, imposante Dünenlandschaften, farbenprächtige Klippen aus verfestigtem Sand, versteckte Süßwasserseen, glasklare Bäche und geheimnisvoll stille Urwälder: *Fraser Island* vor der Ostküste Queenslands überrascht mit seiner landschaftlichen Vielfalt und ungewöhnlichen Natur. Denn die Insel – ein beliebtes Ferienziel mit zahllosen Erholungsmöglichkeiten – ist gänzlich aus Sand aufgebaut.

Die 184000 Hektar große Insel – sie hat eine Länge von 123 Kilometern und eine schwankende Breite zwischen sieben und fünfundzwanzig Kilometern – darf sich mit diesen eindrucksvollen Maßen die größte Sandinsel der Welt nennen; und der an Naturwundern so reiche Bundesstaat Queensland kann sich mit einem weiteren Su-

167 Arm an spektakulären Sehenswürdigkeiten, aber reich an versteckten Kleinodien ist der Eungella National Park. Eine davon sind die regenwaldgesäumten Araluen Falls in der Finch Hatton Gorge.

Information

Auskünfte: Carnarvon National Park, via Rolleston, QLD 4702, Tel. 079/824555.
Reisezeit: Der Park ist das ganze Jahr über geöffnet; in der Regenzeit zwischen Dezember und März wird die Zufahrtsstraße häufig schnell unpassierbar.
Unterkünfte: Außer dem Campingplatz gibt es im Park keine Unterkünfte. Kurz vor der Parkgrenze der Carnarvon-Sektion des Parks bietet die Oasis Tourist Lodge stilvolle Unterkünfte in Zelthütten.
Camping: Am Eingang der Carnarvon Gorge, in der Nähe des Visitor Centres, liegt die Carnarvon Gorge Camping Area.
Aktivitäten: Die einzige Möglichkeit, den Park kennenzulernen, ist zu Fuß.

perlativ schmücken. Der inselbildende Sand, der sich just hier zu einem riesigen Haufen ansammelte, hat eine weite Reise hinter sich. Er kommt aus dem Süden und hatte seinen Ursprung in den Küstengebirgen des Bundesstaates New South Wales. Flüsse schafften das feine Material, ein Erosionsprodukt, in großen Mengen ins Meer und übergaben dort ihre Fracht den kräftigen Meeresströmungen, die – unterstützt von den vorherrschenden Südost-Winden – das zermahlene Gestein in Richtung Norden verfrachteten. Dort aber stießen die driftenden Sandmassen auf ein Hindernis – dunkle Felsinseln vulkanischen Ursprungs, die quasi als Anker für das Material dienten und die Keimzellen für die Geburt der großen Sandinsel bildeten. Denn hier lagerten sich die Sedimente ab, bauten sich immer weiter auf und ließen Fraser Island entstehen. Die Felsen – das einzige feste Gestein auf der Insel – tragen heute die Namen *Indian Head*, *Middle Rock* und *Waddy Point* und stellen das nördliche Ende des *Seventy-five Mile Beach* dar.

Der nördliche Teil von Fraser Island, knapp mehr als die Hälfte der Insel, bildet den *Great Sandy National Park*. Das Schutzgebiet umfaßt weitläufige Sandgebiete mit Wanderdünen; zahlreiche Seen und Lagunen, die für Vögel große Anziehungskraft besitzen, ausgedehnte Heideflächen und Regenwälder gehören ebenso zu seinen Attraktionen wie weitläufige Strände und die drei bereits erwähnten felsigen Halbinseln. Doch einige der bekanntesten Sehenswürdigkeiten der Insel befinden sich im Süden. Sich angesichts dieser Naturwunder nur auf den geschützten Nordteil von Fraser Island zu beschränken, würde bedeuten, eine Grenze zu ziehen, wo es eigentlich gar keine gibt. Die Insel läßt sich nur als ein geschlossener Naturraum betrachten, was auch durch deutlich wird, daß sie in ihrer Gesamtheit die strengen Auflagen der UNESCO erfüllte und zum *»Erbe der Menschheit«* erklärt wurde. Es bestehen zudem konkrete Pläne, auch den Südteil der Insel, trotz ehemaligem intensivem Holzeinschlag und großangelegter Sandgewinnung, zum Nationalpark zu erklären.

Auf der Insel unterwegs

Regelmäßig verkehrende Fähren von *Urangan* und *River Heads* bei *Harvey Bay* schaffen Besucher und Fahrzeuge vom Festland auf die Sandinsel. Um zu den zahlreichen Sehenswürdigkeiten und Naturwundern der Insel zu gelangen, ist übrigens ein Allrad-Fahrzeug Grundvoraussetzung. Das Gelände ist durchzogen von einem ausgedehnten Netz an einspurigen Sandpisten, die ein etwas anderes Fahrerlebnis vermitteln. Die Hauptverkehrsader von Fraser Island ist ebenfalls auf Sand gebaut: wie ein mehrspuriger Highway offeriert der über 120 Kilometer lange, breite *Sandstrand der Ostküste* die schnellste Nord-Süd-Verbindung. Bevor man zu den Allrad-Abenteuern aufbricht, sollte man sich allerdings genauestens über die Gefahren, Besonderheiten und Regeln erkundigen – und die Schautafel im *Eurong Visitor Centre* studieren. Anhand von abschreckenden Fotos wird hier verdeutlicht, in welch prekäre Situationen unachtsame und unerfahrene Allradpiloten auf der wilden Insel geraten können.

Am meisten befahren ist die stellenweise zweispurige Sandpiste vom *Wanggoolba Creek*, dem Anlegepunkt der Fähre von *River Heads*, zum Touristenresort *Eurong*. Sie stellt die schnellste West-Ost-Verbindung dar und führt quer durch die Insel. Auf dem halben Weg zur Ostküste liegt *Central Station*. Ehemals ein Holzfällercamp, informiert hier ein kleines *Visitor Centre* über die einmalige Natur der Insel; das kleine Museum zeigt Relikte aus der noch gar nicht so weit zurückliegenden Zeit der forstwirtschaftlichen Nutzung. Ein Campingplatz unter großen, schattigen Bäumen lädt zum Bleiben ein. Central Station ist Ausgangspunkt für eine kleine Wanderung entlang dem glasklaren *Wanggoolba Creek*, der hier durch wunderschönen, palmenbestandenen subtropischen Urwald fließt. Verlängern läßt sich der Weg bis zum *Pile Valley*. Hier wachsen beeindruckende *Satinay-Bäume* in den Himmel. Sie waren zur Zeit des Holzschlags gefragte Gewächse, weil sich das Holz als resistent gegenüber Bohrmuscheln erwies. Die bis zu 70 Meter hoch wachsenden Bäume wurden in die ganze Welt verkauft und unter anderem beim Bau des Suezkanals eingesetzt.

Eine der großen Attraktionen auf der Sandinsel sind überraschenderweise *Süßwasserseen*. Dabei unterscheidet man zwei verschiedene Arten von Seen, die sogenannten *»Window Lakes«*, die genau auf dem Niveau des Grundwasserspiegels liegen, und die sogenannten *»Perched Lakes«*, die höher als der Grundwasserspiegel in wasserundurchlässigen Senken in der Sonne glitzern. Kurz nach *Central Station* zweigt eine Piste ab, die sich als erster Ausflug anbietet. Sie führt zuerst durch das mit Baumriesen bestandene *Pile Valley* zum *Lake McKenzie*. Leuchtendweiße Strände und glasklares Süßwasser machen ihn zu einem der beliebtesten und schönsten Badeseen der Insel. Die stellenweise recht rauhe Sandpiste leitet nun in einem großen Bogen zum Ausgangspunkt des kurzen Pfades, zum *Lake Wabby*, dem mit elf Metern tiefsten See der Insel. Während das Gewässer auf drei Seiten von dichtem Wald umgeben ist, bedroht auf der Ostseite eine hochaufgetürmte Wanderdüne die Idylle und wird den kleinen, fischreichen See eines Tages unter sich begraben. Die Piste erreicht schließlich knapp sechs Kilometer oberhalb von *Eurong* die *Ostküste*.

Eine weitere interessante Seenrunde hat ebenfalls ihren Ausgang in *Central Station*. Diesmal führt die Strecke nach

168/169 Die meisten Sehenswürdigkeiten auf Fraser Island, der größten Sandinsel der Welt, haben mit Sand zu tun – wie die wilden Sandklippen der Pinnacles, die das Allradfahrzeug am Strand winzig erscheinen lassen. Außergewöhnlich ist auch der von einer mächtigen Wanderdüne bedrohte Lake Waddy. Er gilt als tiefster See auf Fraser Island und bildet ein beliebtes Badeziel.

170 | 171

Süden und verbindet die Seen Lake Jennings, Lake Birrabeen – einen weiteren beliebten Badesee mit kristallklarem Wasser und blendend weißen Stränden – und Lake Benaroon mit dem großen Lake Boomanjin. Dieses Gewässer stellt eine Besonderheit dar. Es handelt sich um den größten der sogenannten *»perched lakes«*, und sein Wasser ist, im Gegensatz zu den anderen Seen, rot gefärbt. Ursache für diese Laune der Natur ist die Gerbsäure *Tannin*, die von den zahllosen *Tea-Trees* an seinen Ufern freigesetzt wird. Diese Seenrunde endet schließlich bei Dilli Village an der Ostküste.

Ein Unternehmen für sich ist die Fahrt von Eurong entlang der *Ostküste* zum Great Sandy National Park. Schon die Anfahrt auf dem breiten »Küsten-Highway« wird zum Erlebnis. Vorsicht ist besonders bei der Querung der zahlreichen Süßwasserbäche angeraten, die über den Seventy-five Mile Beach ins Meer fließen. Mit dem wasserreichen Eli Creek ist die Schlüsselstelle und die Nationalparkgrenze erreicht. Über vier Millionen Liter glasklares Trinkwasser fließen hier stündlich ins Meer. Das ständig wechselnde Mündungsbett des wasserreichsten Bachs der Insel macht eine Überquerung bei Flut gefährlich. Ein kurzer Wanderweg führt am Ufer des paradiesischen Gewässers entlang.

Nun reihen sich auf dem Weiterweg nach Norden die Attraktionen. Kurz nach Eli Creek verrostet das Stahlgerüst der *Maheno* am Strand. Das ausrangierte Passagierschiff wurde während eines Zyklons an das Ufer getrieben. The Pinnacle und später The Cathedrals – hoch aufragende, farbenfrohe Sandklippen – begleiten den weiteren Weg auf den nächsten Kilometern bis zum Touristenresort *Dundubara*. Hier zweigt eine interessante Route ins Inselinnere ab, die unter anderem zum Lake Bowarrady führt. Der stille, abgelegene See ist für seine zutraulichen *Schildkröten* und das reiche Vogelleben bekannt. Die felsigen Halbinseln des Indian Head, Middle Rock und Waddy Point könnten dann das Ziel dieser Tages-Exkursion sein. Von den senkrecht in das Meer abfallenden Klippen des Indian Head kann man im klaren Wasser *Mantas, Haie, Seeschildkröten* und in den Wellen spielende *Delphine* beobachten.

170 Tief im Regenwald des Lamington National Parks verstecken sich die Elabana Falls, einer der zahlreichen Wasserfälle des West Canunga Creeks. Der Anblick des schäumenden Wassers ist Wanderern vorbehalten.

171 In den zahlreichen Bächen des Lamington National Parks lebt der blauweiß gefärbte Lamington Spiny Crayfish, eine Flußkrebsart, die nur im Bereich des Nationalparks vorkommt.

Lamington National Park

Abenteuer Regenwald

Würgerfeigen halten mit einem Netzwerk aus kräftigen Wurzeln uralte Baumriesen im Todesgriff, schlanke Palmen filtern in versteckten Tälern das Tageslicht, Moose und Farne überziehen im Tröpfchenschauer der zahllosen Wasserfälle das vulkanische Gestein, seltsame, bemooste Baumgestalten zaubern im diffusen Nebellicht Urweltatmosphäre...

Ohne Zweifel zählt der Lamington National Park am südöstlichen Ende Queenslands zu den bekanntesten und beliebtesten Nationalparks des Bundesstaates – eigentlich erstaunlich: muß man sich doch, will man das Reservat in all seiner Schönheit erleben, zu Fuß aufmachen. Viel zur Popularität des Parks beigetragen haben ohne Zweifel die zwei gut erreichbaren Ausgangszentren, Binna Burra mit der gleichnamigen Lodge im *Westen* und Green Mountains mit dem berühmten O'Reilly's Rainforest Resort im *Osten*. Wie selten in Australien kann man hier Komfort und Gastfreundschaft mit dem Erlebnis unberührter Natur kombinieren. Und natürlich hat die Nähe zur Millionenstadt Brisbane und zum Touristenmekka Gold Coast zum hohen Stellenwert des Parks beigetragen.

Von der wissenschaftlichen Seite her betrachtet stellt sich die Frage nach der Bedeutung des Parks erst gar nicht. Das über 20000 Hektar große Reservat umfaßt die größte zusammenhängende Fläche subtropischen Regenwalds in Queensland und kann sich zudem mit einer botanischen Rarität schmücken: In seinen Höhenlagen findet man ausgedehnte *Südbuchen*-Bestände (Nothofagus moorei). Diese knorrigen, moosbewachsenen Bäume kommen nur in Höhen über 1050 Meter vor und stellen ein eindrucksvolles Relikt aus der Vegetation des Superkontinents *Gondwanaland* aus der Frühzeit unseres Planeten dar. Diese Gewächse zeugen zudem von einer wesentlich kühleren Epoche im Südosten Queenslands.

Zur artenreichen Flora gesellt sich eine ganz spezielle Fauna. Vor allem der Vogelreichtum – man hat etwa 190 Arten gezählt – ist bemerkenswert. In den dichten Wäldern leben unter anderem so auffällige Vertreter der Vogelwelt wie der *Seidenlaubenvogel*, der prächtige *Schwarzleierschwanz*, der farbenfrohe *Königssittich* oder der sel-

Information

Auskünfte: Queensland NPWS, Rainbow Beach Road, Rainbow Beach, QLD 4581, Tel. 074/863160. Detaillierte Auskünfte erteilen die Ranger im Eurong Vistor Centre.
Reisezeit: Der Park ist ganzjährig geöffnet. Das Klima ist mild, die Sommer können allerdings gelegentlich heiß und schwül sein.
Unterkunft: Mehrere Resorts offerieren Unterkünfte verschiedener Preisklassen. Nobel ist das Kingfisher Bay Resort an der Westküste, günstig an der Ostküste liegen Dilli Village, Eurong und Happy Valley.
Camping: Gut ausgestattete Campingplätze findet man an folgenden Lokalitäten: Dilli Village, Lake Boomanjin, Central Station, Lake McKenzie, Cathedral Beach Resort, Dundubara und Orchid Beach. Wildes Zelten ist überall erlaubt, Ausnahmen sind gekennzeichnet.
Aktivitäten: Wandern, Fischen, Schwimmen, Tierbeobachtungen; Rundflüge veranstaltet Harry's Aircharter, Tel. 071/289056.

tene *Rufus Bird*, der ein heimliches Leben in den kühlen Südbuchenwäldern der Höhenzüge führt. Obwohl der Park ein Paradies für Ornithologen darstellt, ist es schwer, Vögel in freier Wildbahn zu beobachten. Einige der Flugtiere sind nachtaktiv oder fristen ein verborgenes Dasein. Gute Gelegenheit, einen Teil der farbenprächtigen oder seltenen Vögel ganz aus der Nähe zu beobachten, bietet sich vor allem am *O'Reilly's Rainforest Resort*, wo die Tiere regelmäßig gefüttert werden. Auch an der *Binna Burra Lodge* zeigt sich so manch scheuer gefiederter Waldbewohner ganz offen.

Ähnlich verhält es mit der übrigen Fauna des Waldes. Auf Exkursionen und Wanderungen im Park wird man selten größere Tiere sehen. Das *Pademelon* trifft man aber mit Sicherheit im Bereich der Lodges an. Im Wald selbst sind die kleinen, känguruhähnlichen Tiere so gut wie unsichtbar. Die baumbewohnenden *Brushtail-* und *Ringtail-Possums* oder das *Bandicoot*, ein Bodenbewohner, sind nachtaktiv und zeigen sich tagsüber praktisch nie. Obwohl zahlreiche Reptilien – darunter auch einige *Giftschlangen* – im Park leben, wird man selten das »Vergnügen« haben, ihre nahe Bekanntschaft zu machen.

Geschichte

Wo heute üppiger und artenreicher Waldpelz die Hänge und Bergkuppen bedeckt, regierte vor 20 bis 23 Millionen Jahren das Feuer. Über einem sogenannten *»hot spot«*, einer hochgelegenen Magmakammer, bildete sich die Kuppe eines vermutlich an die 2000 Meter hohen Schildvulkans. Nach dem Abklingen der Eruptionen setzte die Erosion ein und begann, den gewaltigen Vulkan grundlegend zu verwandeln. Die heutige *Border Range* mit dem *Lamington National Park* ist aus den Flanken des Urvulkans entstanden. Der von Tälern und Schluchten zerfressene Höhenzug legt sich halbkreisförmig um den auffälligen Gipfel des *Mt. Warning* (1156 m), der nichts anderes darstellt als den erkalteten Lavapfropfen des Haupteruptivgangs des einstigen Vulkans. Von einigen Wanderwegen des Parks aus hat man Gelegenheit, durch Waldfenster zu diesem steilen Berg hinüberzublicken. Es hat fast zwanzig Jahre gedauert, bis die einmaligen Wälder schließlich unter den Schutz des Staates gestellt wurden.

Wandern im Park

Ein ausgezeichnet beschildertes und gut unterhaltenes Wegenetz von etwa 160 Kilometern Länge durchzieht heute große Teile des Reservats und macht den Lamington zu einem idealen Wanderpark. Die zwei gut mit dem Auto erreichbaren Ausgangspunkte für Exkursionen zu Fuß sind *Binna Burra* und *Green Mountains*. Beide Zentren werden durch den eindrucksvollen *Border Track*, einen knapp 22 Kilometer langen Wanderweg, wie mit einer Klammer verbunden. Diese Route, die praktisch alle Vegetationszonen des Parks durchläuft, bildet das Rückgrat des gesamten Wegenetzes im Park. Von ihr zweigen die meisten Ausflugswege ab.

Lohnende Wanderziele im *Westen* des Parks, also von *Binna Burra* aus, sind das *Hidden Valley* mit einem wunderschönen Hain aus Palmen, ein herausragender Abschnitt des knapp 20 Kilometer langen *Ship Stern Circuits*, die 64 Meter hohen *Goomera Falls*, erreichbar über den *Goomera Falls Circuit*, oder der *Dave Creek Circuit*, der im Gegensatz zu den meisten anderen Wegen durch offenen *Eukalyptuswald* und *sumpfiges Heideland* führt. Als ideale Einführung in die botanische Welt des Parks eignen sich die regelmäßig von Rangern geführten Wanderungen, die ihren Ausgangspunkt in *Binna Burra* haben. Hier findet man auch den *Senses Trail*, einen kurzen Naturlehrpfad, ausgestattet mit einem Führungsseil für Sehbehinderte.

Green Mountains im *Osten* des attraktiven Parks, wo man auch eine *Ranger Station* findet, bietet mit dem *Tree Top Walk* ein in ganz Australien einmaliges Erlebnis. Auf diesem nicht ganz einen Kilometer langen »Weg« erlebt man den Regenwald aus einer ungewohnten Perspektive. Neun *Hängebrücken*, die sich zum Teil fünfzehn Meter über dem Boden von Baum zu Baum spannen, und eine *Aussichtsplattform* in einem riesigen *Feigenbaum* erlauben erstaunliche Einblicke in die Beletage des Waldes.

Beeindruckende Baumriesen (*pink barked brush box/Tristania conferta*) findet man entlang dem *Box Forest Circuit*. Ein weiterer Höhepunkt dieser Runde sind die fotogenen *Elabana Falls*. Eine gute Gelegenheit, den blauen, nur im Lamington National Park beheimateten *Flußkrebs (Lamington spiny creyfish)* in einem der zahllosen Gumpen des *Toolona Creek* zu entdecken, bietet sich auf dem *Toolona Creek Circuit* – mit 17,4 Kilometern Länge praktisch eine Tagestour.

Information

Auskünfte: Für den Ostteil des Parks: The Ranger, Lamington National Park, Binna Burra via Nerang, QLD 4211, Tel. 075/333548. Für den Westteil des Parks: The Ranger, Lamington National Park, Green Mountain via Canungra, QLD 4275, Tel. 075/440634. Schriftliche und mündliche Informationen über den Park bekommt man außerdem bei: Queensland National Parks & Wildlife Service, P. O. Box 42, Kenmore, QLD 4069, Tel. 07/2020200.

Reisezeit: Der Park ist ganzjährig geöffnet. Das Klima ist subtropisch und regenreich. Die Niederschläge fallen zum größten Teil zwischen Oktober und März. Im Winterhalbjahr ist das Wetter stabiler, die Temperaturen sind dann vor allem in den Hochlagen recht kühl. Für Wildblumenfreunde empfiehlt sich der Frühling.

Unterkunft: O'Reilly's Rainforest Guesthouse, Tel. 075/440644, Binna Burra Lodge, Tel. 075/333622 oder 333566.

Camping: Privater Campingplatz in der Nähe der Binna Burra Lodge, Tel. 075/333622 oder 333566, und ein Nationalpark-Campground nahe der Green Mountain Ranger Station, Tel. 075/440634.

Aktivitäten: Wandern, Tierbeobachtungen.

Touren: Geführte Wanderungen werden von der Binna Burra Lodge und dem O'Reilly's Rainforest Resort aus angeboten.

Anhang

Kurzführer durch weitere, im Text nicht abgehandelte wichtige Nationalparks (nach Bundesstaaten geordnet)

Allgemeine Vorbemerkungen

Um eine repräsentative Auswahl aus der Fülle an interessanten Nationalparks zu finden, waren folgende Kriterien ausschlaggebend. Einmal war es ein Anliegen, die ganze landschaftliche Vielfalt des riesigen Kontinents vorzustellen. Regenwälder – ob tropisch, subtropisch oder gemäßigt – sollten ebenso ihren Niederschlag in diesem Buch finden, wie Wüsten, Steppen, Gebirge, Inseln und Riffe. Hinzu kam die kulturelle und historische Bedeutung mancher Parks. Ein wichtiges Auswahlkriterium war schließlich, daß bereits eine touristische Infrastruktur in den Parks existierte. Dabei wurde besonderes Augenmerk auf den Zugang zum Park, die Unterkunftsmöglichkeiten und das Vorhandensein von erschlossenen Wanderwegen gerichtet.

Zahlreiche der in diesem Buch vorgestellten Nationalparks erhielten wegen ihrer außergewöhnlichen internationalen Bedeutung den Status eines »Weltparks« – sie sind zum *»Erbe der Menschheit«* erklärt worden und stehen nun unter dem Schutz der UNESCO. Dazu gehören unter anderem der weltbekannte *Kakadu National Park*, der *Uluru-Kata Tjuta National Park*, das 2000 Kilometer lange *Great Barrier Reef*, der größte aller Weltparks, oder die Nationalparks im tasmanischen Westen. In Queensland wurden zahlreiche Nationalparks, National Forests und Privatgrundstücke zu den *»Wet Tropics«* zusammengefaßt und in die UNESCO-Liste aufgenommen. Die letzten Bestände an unberührtem tropischem Regenwald auf dem Fünften Kontinent sollen für alle Zeiten gesichert werden.

Der Status *»world heritage area«* war auch der Grund dafür, daß die abgelegene *Lord Howe Island* in das Buch aufgenommen wurde, obwohl sie nicht als Nationalpark ausgewiesen ist. Die wunderschöne Pazifikinsel offeriert Besuchern nicht nur Südseeambiente und eine spektakuläre Landschaft, sondern vor allem eine außergewöhnliche, auch für Australien einmalige Flora und Fauna. Große Bedeutung kommt Lord Howe Island als Vogelinsel zu.

Bei der Erstellung der Texte wurde darauf geachtet, daß die wichtigsten Tier- und Pflanzenarten in den jeweiligen Parks erwähnt werden. Dabei ergab sich das Problem, daß für viele Pflanzen und Tiere keine *deutschen Bezeichnungen* existieren. Es werden deshalb zumeist die in Australien gebräuchlichen Namen verwendet, denn wer in Australien unterwegs ist, hört erst einmal die einheimischen Bezeichnungen. Gibt es allgemein bekannte deutsche Namen, so wurde auf diese zurückgegriffen; im Zweifelsfalle aber wurde den *australischen Bezeichnungen Vorrang* eingeräumt.

Inzwischen hat man in Australien auch die internationale touristische Bedeutung der Nationalparks erkannt. Die Bezeichnung *»national park«* oder *»world heritage area«* ist zum schlagenden Verkaufsargument geworden. Mit dem steigenden Tourismus eröffnen sich natürlich Chancen für die Parks – aber auch Gefahren. Viele Gebiete Australiens könnten einen großen Besucheransturm nicht vertragen. Als Beispiel sei hier nur der *Purunululu (Bungle Bungle) National Park* in Westaustralien genannt. Seine bizarre Felswelt ist so empfindlich, die Gefahr der Erosion so groß, daß Wandern abseits etablierter Wege und ausgetrockneter Bachbette nicht erlaubt werden kann. Oft fehlen in den australischen Nationalparks die geeigneten Einrichtungen, um den zunehmenden Besucheransturm verkraften zu können. Denn im Vergleich beispielsweise zu den amerikanischen Nationalparks, die auf eine bequemlichkeitsorientierte Autogesellschaft zugeschnitten sind und eine dementsprechende Infrastruktur aufweisen, sind die australischen Nationalparks noch wesentlich ursprünglicher, ja primitiver. Zwar ist auch in Australien das Auto das wichtigste Transportmittel, aber die Straßen in den Parks sind selten geteert, manchmal nur mit dem Allradfahrzeug befahrbar.

Barrington Tops National Park (NSW)

Das Naturschutzgebiet – 1986 zum *»Erbe der Menschheit«* erklärt – ist der südlichste der Regenwaldparks entlang der Ostküste. Das gebirgige Reservat umfaßt zwei über 1500 Meter aufragende *Plateaus*. Geprägt durch eine gebirgige Topografie mit enormen Höhenunterschieden, stellt die vielfältige Vegetation die größte Attraktion des Parks dar. Die Spannbreite reicht von im Winter gelegentlich verschneiten *Schnee-Eukalyptusbeständen* über *Südbuchenwälder* bis hin zu subtropischen *Regenwäldern* in den geschützten Tälern der Tieflagen. Auf zahlreichen Wanderwegen können die Schönheiten des stillen Waldparks erkundet werden.
Informationen: Barrington Tops National Park, P.O. Box 270, Raymond Terrace, NSW 2324, Tel. 049/873108.

Ku-ring-gai Chase National Park (NSW)

Der Park – einer der ältesten in Australien – grenzt im Norden an die Millionenmetropole *Sydney*. Trotz der Nähe zur Stadt sind weite Gebiete des Parks nach wie vor unberührt und bieten den Städtern ein wunderschönes *Wildnisgebiet*, das mit versteckten Buchten und Wäldern und mit einem erstaunlichen Reichtum an Pflanzenarten lockt. Die fjordartigen Buchten des *Küstenparks* sind ein Paradies für Fischer und Segler.
Informationen: Ku-ring-gai Chase National Park, Bobbin Head, Turramurra, NSW 2074, Tel. 02/4579322.

Morton National Park (NSW)

Als einer der größten Nationalparks von New South Wales umfaßt der Morton National Park ein mächtiges *Sandsteinplateau*, das von den Schluchten des *Shoalhaven River* zerteilt wird. Große Teile des Parks sind unwegsame Wildnis. Hauptattraktion sind die großartigen Wasserfälle *Fitzroy Falls* und *Belmore Falls* im Norden, bekannt ist der *Pigeon House Mountain* im äußersten Süden des Parks.

Informationen: Fitzroy Falls Visitor Centre, Nowra Rd., Fitzroy Falls, NSW 2577, Tel. 048/877270.

Mount Kaputar National Park (NSW)

Der Park umfaßt die erodierten Reste einer Kette mächtiger *Vulkane*, die mit dem *Mt. Kaputar* (1524 m) ihren Kulminationspunkt erreichen. Felsdome und -gipfel, steile *Gesteinsnadeln* und *Basaltsäulen* bilden die Sehenswürdigkeiten des Parks, der sich über die weiten, landwirtschaftlich intensiv genutzten Ebenen im westlichen New South Wales erhebt. Offener *Eukalyptuswald* dominiert die Vegetation. Zahlreiche Wanderwege durchziehen den Park, und im Sommer können sich die Menschen im kühleren Klima der Hochlagen von der Hitze in den Ebenen erholen.
Informationen: Mt. Kaputar National Park, 55 Maitland Street, Narrabri, NSW 2390, Tel. 067/927234.

Mungo National Park (NSW)

Der Park im heißen Inneren des Landes umfaßt die Uferregion des ausgetrockneten *Lake Mungo*, die außergewöhnlich reich an Zeugnissen einer verschwundenen *Aborigi-nal-Kultur* ist. Die Funde reichen 40000 Jahre zurück. Schaustück des *Wüstenparks* ist die *Wall of China*, eine 30 Kilometer lange, verwitterte *Dünenkette*.
Informationen: Mungo National Park, Shop 8, Buronga Shopping Centre (P. O. Box 318), Buronga, NSW 2648, Tel. 050/231278.

New England National Park (NSW)

Der große, praktisch unberührte Park reicht von den Höhen des *New England Plateaus* – höchster Punkt ist der *Point Lookout* (1562 m) – bis in die Tiefen der mit *Regenwald* bewachsenen Täler auf nahezu Meereshöhe. Die Höhen des Parks sind meist in Nebel und Wolken gehüllt. Wegen seiner außergewöhnlichen Schönheit und seiner Vielzahl an Lebensräumen wurde der Park von der UNESCO zum *»Erbe der Menschheit«* erklärt.
Informationen: Dorrigo District Office, P. O. Box 170, Dorrigo, NSW 2453, Tel. 066/572309.

Sydney Harbour National Park (NSW)

Mehrere Flächen an unberührtem Buschland um den *Sydney Harbour* wurden zu einem Nationalpark zusammengefaßt, der Geschichte und Natur verbindet. *Festungen*, eine alte *Quarantänestation* und *Felszeichnungen der Aborigines* findet man ebenso innerhalb des aus verschiedenen, nicht miteinander verbundenen Teilen bestehenden Parks, wie steile *Sandsteinklippen, Heidelandschaften* und versteckte *Strände*. Bemerkenswert sind die Aussichten auf die City von *Sydney*.
Informationen: Sydney Harbour National Park, Greycliff House (P. O. Box 461), Rose Bay, NSW 2029, Tel. 02/3375355.

Willandra National Park (NSW)

Der große Park, der *semiaride Flußebenen* umfaßt, war einmal die bekannteste Schaf-Farm im Westen des Staates. Auf den *roten Sandebenen* wachsen Salzbüsche und anspruchslose Gräser, nur an den Ufern der Flüsse gedeihen Bäume. Die *Sümpfe* sind ein Paradies für Wasservögel und andere Wassertiere. *Känguruhs* und *Emus* durchstreifen regelmäßig die offenen Flächen. Die historische Schaf-Farm ist Teil des Parks.
Informationen: Willandra National Park, 105 Banna Avenue, Griffith, NSW 2680, Tel. 069/627755.

Bellenden Ker National Park (QLD)

Der kaum erforschte und nur an wenigen Stellen zugängliche Park umfaßt die *Bellenden Ker Range* mit dem höchsten Berg Queenslands, dem *Mt. Bartle Frere* (1657 m). Praktisch die gesamte Fläche des Reservats ist mit dichtem *Regenwald* bedeckt, der von zahlreichen Flüssen und Bächen durchzogen wird. Der Park ist ein Zufluchtsgebiet für seltene Regenwaldtiere wie das *Baumkänguruh*. Zwei anspruchsvolle und anstrengende Wanderungen führen auf den Gipfel des Mt. Bartle Frere. Touristisch mit einem Wanderweg sowie einem Picknick- und Zeltplatz erschlossen sind die *Josephine Falls*. *The Boulders*, ein stark verblockter Abschnitt des *Babinda Creeks*, lockt ebenfalls Besucher an.
Informationen: Bellenden Ker National Park, P. O. Box 93, Miriwinni, QLD 4871, Tel. 070/676304.

Blackdown Tableland National Park (QLD)

Der Park besteht aus dem *Blackdown Tableland*, einem mächtigen *Sandsteinplateau*, das sich über die trocken-heißen Ebenen Zentralqueenslands erhebt. Auf der Hochfläche spendet hochgewachsener *Eukalyptuswald* Schatten; Quellen, Bäche und Wasserfälle, die über Felsabbrüche in tiefe, farnbewachsene Schluchten stürzen, überraschen den Besucher. Das Klima ist auf dem Plateau feuchter und kühler als in den Ebenen.
Informationen: Blackdown Tableland National Park, via Dingo, QLD 4702, Tel. 079/861964.

Green Island National Park (QLD)

Green Island, eine flache, mit Regenwald bewachsene *Insel aus Korallensand*, ist die populärste und am meisten besuchte Insel am *Great Barrier Reef*. Das Gelände ist zum Teil National Park, die restliche Fläche wird von einem *Nobelresort* belegt, das in japanischem Besitz ist. Vor allem Schnorcheln und Tauchen entlang der *Riffe* der Insel sind beliebt. Mehrere Veranstalter bieten Tagesausflüge von *Cairns* aus auf die Insel an. Ein *Unterwasserobservatorium* und ein *Aquarium* sind weitere Attraktionen.
Informationen: Green Island National Park, P. O. Box 2066, Cairns, QLD 4870, Tel. 070/523096.

Hinchinbrook Island National Park (QLD)

Hinchinbrook Island – der Welt größter *Inselnationalpark* – liegt vor der Küste Queenslands. Abgesehen von einem kleinen Ressort ist die gebirgige Insel praktisch unangetastet. Die einzige Möglichkeit für fitte und erfahrene Trekker, die zahlreichen Ökosysteme und wilden Landschaften der tropischen Insel zu erleben, bietet der *Thorsborne Trail*. Die viertägige Wanderung führt an der Ostseite von Hinchinbrook Island entlang. Ein strenges *Permitsystem* regelt die Anzahl der Wanderer.
Informationen: Hinchinbrook Island National Park, P. O. Box 74, Cardwell, QLD 4816, Tel. 070/668601.

Lawn Hill National Park (QLD)

Das Reservat liegt auf dem *Barkly Tableland* im Nordwesten des Staates und umfaßt eine *tropische Oase*, umgeben von Sandstein- und Kalksteinterrassen. Die *Lawn Hill Gorge* ist ein Rückzugsgebiet für Regenwaldflora und -fauna. Im türkisgrünen Wasser des Baches kann man herrlich schwimmen. Die *Felsgrotten* entlang der Schlucht enthalten *Felsmalereien der Aborigines*. Ein Campingplatz wurde im Park errichtet. Der Zugang ist nur mit Allradfahrzeugen möglich.
Informationen: Lawn Hill National Park, PMB 12, Mt. Isa, QLD 4825, Tel. 077/485572.

Palmerston National Park (QLD)

Der Palmerston National Park ist ein unzugänglicher, praktisch unerschlossener *Regenwald*-Park zwischen dem Ort *Innisfail* und dem *Atherton Tableland*. Durchflossen wird das Reservat von dem *North Johnstone River*, der als der beste *Raftingfluß* Queenslands gilt. Das Gewässer bildet – abgesehen von ein paar kurzen Wanderrouten an den *Tchupala Falls* – den einzigen Zugang in das wilde Innere des Parks. Von *Cairns* aus werden drei- oder fünftägige Raftingexpeditionen angeboten, die von den Teilnehmern allerdings ein gehöriges Maß an Abenteuerlust verlangen.
Informationen: Palmerston NP, P. O. Box 800, Innisfail, OLD 4860, Tel. 070/645115.

Croajingalong National Park (VIC)

Der Park zieht sich von der Grenze zu New South Wales fast 100 Kilometer entlang der wilden Küste Nordost-Victorias. Neben der

Küste schützt der Park die fjordähnlichen *Flußmündungen* des *Mallacoota Inlet, Wingan Inlet, Tamboon Inlet* und *Sydenham Inlet*. Große *Wanderdünen*, felsige Landspitzen, unberührte Strände, temperierter Regenwald, Heidegemeinschaften und vorgelagerte Inseln sind weitere Bausteine des attraktiven Reservats. Der Ort *Mallacoota* inmitten des Nationalparks ist ein kleines Ferienparadies. Große Abschnitte des Areals wurden zu Wildnisgebieten erklärt, um die ungewöhnliche Flora und Fauna zu schützen.
Informationen: Cann River Information Centre, Princes Highway, Cann River, VIC 3890, Tel. 051/586351.

Hattah-Kulkyne National Park (VIC)

In der semiariden Nordwestecke Victorias, begrenzt vom *Murray River*, bildet der Nationalpark eine Oase aus einem stillen System von *Seen*, die zwischen *Sandhügeln* eingebettet sind. Die Vegetation besteht hauptsächlich aus *Mallee-Gebüsch*. Regelmäßige Überflutungen der Region durch den Murray River ziehen zahllose Wasservögel an. Kurze Wanderrouten durchziehen das wichtige Ökosystem, das von der UNESCO zur *»World Biosphere Reserve«* erklärt wurde.
Informationen: Hattah-Kulkyne National Park, RSD Hattah, VIC 3501, Tel. 050/293253.

Otway National Park (VIC)

Dichter *Eukalyptuswald*, gemäßigter *Regenwald, Heideflächen* und eine wilde, ungezähmte *Küste* charakterisieren den Park und machen ihn zu einer der großen Attraktionen entlang der *Great Ocean Road*. Im Bereich des Reservats erreichen Ausläufer der *Otway Range* die oft sturmumtoste Küste und schaffen eine wilde, größtenteils unangetastete Landschaft. Einen guten Einblick in den gemäßigten Regenwald bekommt man auf dem kurzen *Maits Rest Walk*.
Informationen: Otway National Park, P. O. Box 63, Apollo Bay, VIC 3233, Tel. 052/376889.

Port Campbell National Park (VIC)

Der langgezogene, schmale Park schützt einen spektakulären Küstenabschnitt entlang der *Great Ocean Road*. Die wilde Steilküste, mit so bekannten und berühmten Felsformationen wie den *»Zwölf Aposteln«*, der *»London Bridge«* oder der *»Loch Ard Gorge«*, bildet den Hauptbestandteil des Schutzgebietes. Kurze Wanderwege und Aussichtspunkte entlang der Küstenstraße erschließen den Park. Eine kleine Kolonie von *Fairy-Pinguinen* brütet in einem der unzugänglichen Strände bei den »Zwölf Aposteln«.
Informationen: Port Campbell National Park, Trega Street, Port Campell, VIC 3269, Tel. 055/986382.

Ben Lemond National Park (TAS)

Der Gebirgspark – er umfaßt das bis zu 1572 Meter hohe *Dolerit-Plateau* der *Ben Lemmond Range* – ist bei Skifahrern und Wanderern gleichermaßen beliebt. Der Park bietet imposante Ausblicke über das nordöstliche Tasmanien. Zahlreiche Wildblumen bedecken im Frühsommer die Hochflächen. Die steilen *Felsabstürze* des Plateaus sind im Sommer Ziel der Kletterer. Im Winter ist der Park ganz in der Hand der Skifahrer.
Informationen: Ben Lemond National Park, P. O. Box 180, Kings Meadow, TAS 7249, Tel. 004/286277.

Maria Island National Park (TAS)

Die *Insel* liegt vor der Ostküste Tasmaniens, 88 Kilometer nordöstlich von *Hobart*. Maria Island besteht eigentlich aus zwei gebirgigen Inseln, die durch einen schmalen, *sandigen Isthmus* verbunden sind. Weiße Sandstrände, spektakuläre Sandstein- und Kalkklippen, dichtbewaldete Täler und eine reiche Geschichte – die Insel fungierte zur Zeit der Kolonisation als *Gefängnisinsel* – machen den Park zu einem beliebten Ziel. Bekannt ist der Tierreichtum des Reservats.
Informationen: Maria Island National Park, P. O. Triabunna, TAS 7190, Tel. 002/571420.

Mount Field National Park (TAS)

Wilde, zerklüftete Berge, von Gletschern ausgehobelte *Seen*, weite *Moore* und dichte *Regenwälder* erwarten den Besucher des Parks. Der Mt. Field National Park zählt zu den ältesten Schutzgebieten Tasmaniens und bietet vor allem Wanderern ein *ausgebautes Wegenetz*. Prominente Ziele sind die Gipfel des *Mt. Field West* (1434 m) und des *Mt. Field East* (1270 m). Größte Attraktion des Reservats sind die *Russell Falls* in der Nähe des Parkeingangs. Sie können über einen kurzen Wanderweg erreicht werden. Im Winter sind die Hochlagen regelmäßig schneebedeckt und ziehen Skifahrer und Langläufer an.
Informationen: Mt. Field National Park, P. O. Box 41, Westerway, TAS 7140, Tel. 002/881149.

Walls of Jerusalem National Park (TAS)

Die spektakuläre Gebirgswildnis des Parks ist Teil der riesigen *»Tasmanian Wilderness World Heritage Area«*. Dominiert wird das Schutzgebiet von fünf steilen Bergen, die ein natürliches Amphitheater bilden. Zahllose von Gletschern ausgeschürfte Seen und Seeaugen, umstanden von uralten *Pencil Pines*, bilden dort das landschaftliche Umfeld für erfahrene Wanderer und Trekker, die bereit sind, die gesamte Ausrüstung mitzuschleppen.
Informationen: Walls of Jerusalem National Park, P. O. Box 180, Kings Meadow, TAS 7249, Tel. 004/286277.

Coorong National Park (SA)

The Coorong ist ein schmales *Wasserband*, das durch die *Younghusband Peninsula*, eine schmale und lange Sandzunge, vor der Brandung des Meeres geschützt ist. Der *Küstenpark* im Süden des Staates umfaßt die *Halbinsel* und die *Lagunen* des *Coorong*. Bekannt ist das Reservat wegen seines überaus reichen Vogellebens und als ausgezeichneter *Fischgrund*. Coorong National Park gilt als eines der wichtigsten Feuchtgebiete des Staates.
Informationen: Salt Creek Visitor Centre, Princes Highway, Salt Creek, Meningie, SA 5264, Tel. 085/757014.

Mount Remarkable National Park (SA)

Der Nationalpark liegt in den südlichen *Flinders Ranges* zwischen dem Tiefland um den *Spencer Gulf* und den weiten Weizenanbaugebieten. Durch die Höhe des Parks – der *Mt. Remarkable* erreicht 955 Meter – sind Regenfälle häufiger, die Vegetation ist dementsprechend üppig im Vergleich zum Umland. Das Reservat besteht aus zwei Sektoren, dem Höhenzug des Mt. Remarkable und einem ovalen, stark bewaldeten Felsbassin. Eine ganze Reihe von Wanderwegen durchzieht den Park.
Informationen: Mt. Remarkable National Park, Mambray Creek, PMB 7, Port Germain, SA 5495, Tel. 086/425070.

Finke Gorge National Park (NT)

Der *Finke River* gilt als einer der ältesten Flüsse unserer Erde. Seit mehr als 100 Millionen Jahren gräbt sich das nur nach heftigen Regenfällen fließende Gewässer in die *James* und *Krichauff Ranges*. Dort hat es großartige *Schluchten* gebildet. Diese tiefen Einschnitte sind eine der Attraktionen in dem wüstenartigen Nationalpark. Die größte Sehenswürdigkeit aber versteckt sich im *Palm Valley*. Dort hat die *Red Cabbage Palm*, eine sehr seltene Palmenart, die langsame Austrocknung der Region im Schutz der Schlucht überlebt und bildet eine üppige Oase in der trockenen Felslandschaft des Parks.
Informationen: Conservation Commission of the NT, P. O. Box 1046, Alice Springs, NT 0871, Tel. 089/508211.

Nitmiluk National Park (NT)

Hauptsehenswürdigkeit des tropischen Parks ist das gewaltige *Schluchtensystem* des *Katherine Rivers* im zerklüfteten *Arnheim Land Plateau*. Die Schluchten mit ihrem interessanten Tier- und Pflanzenleben können auf organisierten Bootstouren oder auf eigene Faust mit dem Kanu erkundet werden. Wan-

derwege führen zu verschiedenen Punkten der Katherine Gorge. Ein zweites, weniger besuchtes Zentrum ist *Edith Falls* im Nordwesten des Nationalparks.
Informationen: Conservation Commision of the NT, P. O. Box 344, Katherine, NT 0851, Tel. 089/721886.

West MacDonnells National Park (NT)

Erst kürzlich wurde eine ganze Reihe von Nationalparks und Schutzgebieten in der *MacDonnell Range* westlich von *Alice Springs* zum West MacDonnells National Park zusammengefaßt. Zu den bekannten Sehenswürdigkeiten gehören die *Ormiston Gorge* und das *Simpsons Gap*. Der neu errichtete Weitwanderweg des *Larapinta Trail* durchzieht den Park in seiner ganzen Länge. Mehrere Stichstraßen ermöglichen den Zugang zu den Naturwundern des Wüstengebirges.
Informationen: Conservation Commission of the NT, P. O. Box 1046, Alice Springs, NT 0871, Tel. 089/508211.

Cape Le Grand National Park (WA)

Der Cape Le Grand National Park schützt einen wilden *Küstenabschnitt* im Süden des Bundesstaates Westaustralien. Hügel aus blankem Granit, felsige Landzungen, zwischen denen blendendweiße *Strände* und versteckte *Buchten* eingebettet sind, sowie das tiefblaue Wasser des Meeres machen die optische Schönheit des Nationalparks aus. Ein fünfzehn Kilometer langer *Küstenwanderweg* verbindet diese Sehenswürdigkeiten. Das *Hinterland* des Parks besteht aus *Sandebenen*, die mit niedrigem Gebüsch bewachsen sind. Der Park ist bekannt für seine artenreiche Flora.
Informationen: Cape Le Grand National Park, P. O. Box 706, Esperance, WA 6450, Tel. 090/759022.

Geikie Gorge National Park (WA)

Auf dem Gebiet des Parks hat der *Fitzroy River* eine bis zu 30 Meter tiefe *Schlucht* durch das Kalkgestein der *Geikie Range* geschliffen. Der Gebirgszug ist Teil eines riesigen *Riffkomplexes* aus dem Devon. Die Hochwassermarken an den Wänden der Schlucht zeigen, daß das Wasser während der Regenzeit um bis zu sechzehn Meter steigen kann. Ein von Rangern geführter *Bootsausflug* erschließt die an Vögeln reiche Schlucht. An den Sandbänken sonnen sich *Süßwasserkrokodile*, und im tiefen Wasser des Flusses leben *Schwertfische* und *Stachelrochen*, die sich an das Süßwasser gewöhnt haben.
Informationen: Geikie Gorge National Park, c/o P. O., Fitzroy Crossing, WA 6765, Tel. 091/915121.

Kalbarri National Park (WA)

Einer der attraktivsten *Küstenabschnitte* Australiens mit hohen *Sandsteinklippen* und spektakulären *Naturbrücken* wird durch den Park geschützt. Ein weiterer Höhepunkt des Reservats sind die tiefen Schluchten des *Murchison River*. Herausragend ist die Vegetation im Park. Über 300 verschiedene *Blütenpflanzen* wurden bisher gezählt. Die Wildblumenblüte beginnt im August. Wanderwege führen zu den schönsten Aussichtspunkten und wichtigsten Felsformationen.
Informationen: Kalbarri National Park, P. O. Box 37, Kalbarri, WA 6536, Tel. 099/371140.

Millstream-Chichester National Park (WA)

Der Großteil des Nationalparks ist abweisende *Wüstenlandschaft*. Nur *Millstream* bildet eine faszinierende Oase inmitten felsiger Hügel und trockener *Spinifex-Savannen*. Hier kommt das Wasser eines riesigen, vom nur periodisch fließenden *Fortescue River* gespeisten, unterirdischen Wasserreservoirs zutage und bildet tiefe *Teiche*, die von üppiger Vegetation umstanden sind.
Informationen: Millstream-Chichester National Park, P. O. Box 835, Karratha, WA 6714, Tel. 091/845144.

Nambung National Park (WA)

Der kleine *Küsten-Nationalkpark* 245 Kilometer nördlich von Perth verdankt seine Popularität einzig einer Laune der Natur, den *Pinnacles.* Abgesehen von diesen bizarren Kalksäulen, die zu Tausenden aus dem Sand der *Pinnacle Desert* ragen, ist vor allem die wilde Küste von Interesse. Sie galt als gutes Revier für Fischer. Im Frühjahr blühen zahlreiche Wildblumen im Park.
Informationen: Nambung National Park, P. O. Box 62, Cervantes, WA 6511, Tel. 096/527043.

Windjana Gorge National Park (WA)

Rund 140 km östlich von *Derby* erhebt sich unvermittelt aus der umgebenden Grassteppe die rötlichgraue, zerklüftete Kalksteinmauer der *Napier Range,* Überrest eines *Saumriffs* aus der Zeit vor rund 350 Millionen Jahren, als die Region unter dem Meeresspiegel lag. Kernstück des Reservats ist die beeindrukkende, 4 km lange *Schlucht,* die sich der nur in der Regenzeit fließende *Lennard River* in den Gesteinsriegel gefräst hat. Die in der Trockenperiode in der Schlucht zurückbleibenden *Teiche* bieten ein Refugium für Boabs (Flaschenbäume), Leichhardt-, Feigen- und Papierrindenbäume sowie für eine reiche Fauna mit fliegenden Hunden, Corellas und Süßwasserkrokodilen. Am Ende der Schlucht finden sich an versteckter Stelle *Felsmalereien* der Aborigines.
Informationen: Windjana Gorge National Park, P. O. Box 942, Kununurra, WA 6743, Tel. 091/680200 oder 921036.

Verzeichnis der im Text erwähnten Nationalparks

Bildnachweis:

Die Übersichtskarte auf S. 6/7 wurde erstellt vom Büro für Karten und Grafik Elsner & Schichor, Karlsruhe.